THÉATRE DES FOLIES-DRAMATIQUES.

CANUCHE

OU

LE CHIEN DE LA CHAUMIÈRE

PIÈCE EN TROIS ACTES, MÊLÉE DE COUPLETS

Par MM. CORMON et E. GRANGÉ

Représentée, pour la première fois, à Paris, sur le théâtre des FOLIES-DRAMATIQUES, le 1er juin 1854.

PRIX : 60 CENTIMES.

Paris

BECK, LIBRAIRE, RUE DES GRANDS-AUGUSTINS, 20

1854

CANUCHE

OU

LE CHIEN DE LA CHAUMIÈRE

PIÈCE EN TROIS ACTES, MÊLÉE DE COUPLETS,

Par MM. CORMON et E. GRANGÉ,

Représentée, pour la première fois, à Paris, sur le théâtre des FOLIES-DRAMATIQUES, le 1er Juin 1854.

PERSONNAGES.	ACTEURS.
PIERRE MOREL, mineur	MM. ARNOLD.
JULIEN, son fils	VALAIRE.
VINCHON, cultivateur	BLONDELET.
ROUGET, douanier	JEAUT.
LAFOUINE	BELMONT.
RENARD	VAVASSEUR.
PREMIER PAYSAN	DESQUELS.
UN OUVRIER MINEUR	HALSERC.
DEUXIÈME PAYSAN	BLANC.
UN DOUANIER	DUPRÉ.
PREMIER CONSCRIT	BLANC.
DEUXIÈME CONSCRIT	ALBERT.
CATHERINE, mère de Morel	Mmes SOPHIE.
GEORGETTE	JARRY.
ROSE	MARGUERITE.
PREMIÈRE PAYSANNE	DELILLE.
DEUXIÈME PAYSANNE	ÉLISE.
Mineurs, Douaniers, Paysans et Paysannes	

La scène est dans un village sur la frontière de Belgique, à quelques lieues de Quiévrain.

ACTE PREMIER.

Le théâtre représente l'intérieur d'une chaumière. Une grande cheminée, des portes latérales ; une grande porte et des fenêtres au fond donnant sur la place du village. Ameublement rustique.

SCÈNE PREMIÈRE.

ROSE, GEORGETTE, CATHERINE.

(*Les deux jeunes filles travaillent à l'aiguille sur un métier à dentelle. La mère Catherine taille du pain pour faire la soupe.*)

GEORGETTE.

Air *de la Batelière*. (Ad. Adam.)

Sur ton métier, la belle fille,
Que tes doigts blancs fassent courir
Avec ardeur la fine aiguille
Dont le travail doit t'enrichir (*Bis*).
Car pauvrette,
Sans écus
Point d' toilette ;
Et bien plus
D'un mari cell' qui voudra,
Faut' d'un' dot s'en passera.
Eh! vite... vite... vite...

ROSE.

Eh! vite... vite... vite...

ENSEMBLE.

Aiguille si petite
Gagne-nous tout cela!

CATHERINE. La jeunesse, est-ce heureux! ça travaille, ça chante.

GEORGETTE. Ce n'est pas un mal; pas vrai, grand'mère?

CATHERINE. Non, ma fille; les soucis, les inquiétudes viennent toujours assez tôt, et peut-être bien qu'avant ce soir...

ROSE. Je vous comprends, madame Catherine; c'est aujourd'hui que votre petit-fils doit tirer au sort, et ça vous attriste.

CATHERINE. Ce cher enfant!.. s'il allait amener un mauvais numéro!

GEORGETTE. Je suis sûre que non.

ROSE. Et moi aussi! D'abord il a bien des chances pour lui. Je suis au courant moi, la fille du maire de la commune. Il y a plus de vingt garçons qui tirent en même temps, et comme il n'en faut que trois, ce serait avoir bien du malheur si ça tombait sur lui.

CATHERINE. Dieu le veuille! car son pauvre père n'aurait pas de quoi le racheter, et s'il fallait que je le voie partir...

GEORGETTE. Ne vous tourmentez donc pas d'avance, grand'maman, et veillez à la soupe; vous savez que papa et Julien doivent quitter la mine deux heures plus tôt que d'habitude.

CATHERINE. Oui, pour ce vilain tirage.

ROSE. Faites comme nous, ayez bon espoir.

GEORGETTE. Voyez, ça ne nous empêche pas de faire notre dentelle et de chanter...

ROSE. Cette chanson que vous nous avez dite si souvent à la veillée, quand nous étions toutes petites.

Air précédent.

Seul, on ne vit pas sur la terre,
Et Dieu nous dit chaque matin :
« Dans le travail que tu vas faire
« Garde une part pour le prochain (*Bis*).

GEORGETTE.

D' la jeunesse
Profitons!

ROSE.

Point d' paresse,
Travaillons!
Pour l'ami qui souffrira
Notre bourse s'ouvrira!..
Eh! vite... vite... vite...

GEORGETTE.

Eh! vite... vite... vite...

ENSEMBLE, *en se regardant avec intention.*

Aiguille si petite
Gagne-nous tout cela!

(*On entend des cris, des rires, des applaudissements dans le fond, sur la place du village, et un moment après, Rouget paraît.*

SCÈNE II.

LES MÊMES, *puis* ROUGET.

CATHERINE. Tiens!.. pourquoi donc tout ce bruit?

ROSE, *qui est allée regarder.* Oh! que de monde sur la place!

ROUGET, *au fond, et se retournant pour parler à la cantonade.* C'est bon!.. c'est bon!.. riez tout à votre aise! je l'attraperai une autre fois.

GEORGETTE. Voilà le brigadier de la douane qui va nous dire ce que c'est.

CATHERINE, *allant à la porte.* Entrez donc, monsieur Rouget, entrez donc. (*Rouget entre, sa carabine sous le bras.*)

GEORGETTE, *se levant.* C'est vous qui faisiez tout ce vacarme?

ROUGET. Ne m'en parlez pas!.. je suis tout essoufflé. Brigand de chien, va! si jamais je le trouve au bout de ma carabine...

CATHERINE. Quoi?.. quel chien?.. Est-ce que ce serait le nôtre par hasard?

ROUGET. Non... non... je n'en veux pas à votre caniche, quoiqu'il grogne toujours après moi et mes camarades.

CATHERINE. A la bonne heure!.. car, voyez-vous, mes enfants et mon chien... faut pas qu'on y touche!..

ROUGET. Mais cet autre qui m'a fait trotter; sans les gamins qui sont cause qu'il a gagné le bois, je lui envoyais une dragée, aussi sûr que voilà les deux plus jolies filles de tout le pays.

ROSE. Il était donc enragé?..

ROUGET. Ah!.. ouiche!.. enragé pour courir, pour voler le gouvernement, et faire la nique aux pauvres douaniers.

GEORGETTE. Est-ce bien vrai qu'il y ait des chiens dressés à ça?

ROUGET. Je crois bien qu'il y en a!.. faut les voir quand ils ont leur paquet de contrebande sur le dos et qu'ils prennent leur course en venant de la frontière : le diable ne les suivrait pas. Aussi, chaque fois qu'on peut en descendre un, c'est dix francs de gagnés!

ROSE. C'est vrai. J'ai vu la nouvelle ordonnance, c'est papa qui l'a fait afficher.

CATHERINE. Si ce n'est pas une horreur de tuer de pauvres animaux.

GEORGETTE. Je ne m'étonne plus que Canuche grogne quand il vous voit!

ROSE. Et à votre place, monsieur Rouget, je ne me vanterais pas de ces exploits-là... Ça ne prouve pas un bon cœur... Et vous, qui faites le galant, ce n'est pas le moyen de vous faire bien venir des *belles*, comme vous dites.

ROUGET. C'est peut-être pour ça que vous êtes si méchante avec moi, mam'selle Rose; et pourtant un brigadier de la douane, ficelé comme votre serviteur... Eh! eh!.. ce n'est point de la petite bière!

GEORGETTE, *se moquant.* Je crois bien!..

ROUGET. Et sans me vanter, j'en connais plus d'une dans le pays...

GEORGETTE. Certainement!.. Il ne s'agit que d'avoir des yeux et des oreilles...

ROSE. Pour apprécier les grâces et l'esprit de M. Rouget.

ROUGET, *se posant, et faisant belle jambe.* Considérez un peu le personnage!.. Cette tête!.. cette tenue!.. et cette jambe!.. Ce n'est pas de la contrebande, savez-vous? (*Les deux jeunes filles se regardent en riant.*)

Air : *Ne v'là que six mois.* (Ad. Adam.)

Quand le beau douanier
S' promèn' dans la prairie,
Pas d' fille à marier
Qui d' loin ne lui sourie.
Il sait d' tous les cœurs
Franchir les frontières,
Des bell's les plus fières
Saisir les faveurs.
Il a l'œil aimable,
L' propos agréable,
L' physique adorable!..
Aussi le douanier toujours,
Par ses airs, ses discours,
Est le roi des amours
Et le coq des alentours.

ENSEMBLE.

C'est le roi des amours
Et le coq des alentours!

ROUGET.

En le voyant, chaque fille de s'écrier :
Point d' bonheur sans l' beau douanier!

ROSE. Voilà ce qui me retient...

GEORGETTE. La crainte de faire trop de jalouses.

ROSE. Trop de malheureuses.

ROUGET, *d'un air malin.* Oui... oui... c'est ça... ou un autre motif.

CATHERINE. Georgette, aide-moi à mettre le couvert. (*Georgette va aider Catherine.*)

ROUGET, *se rapprochant de Rose qui continue son travail.* On n'a pas les yeux dans sa giberne, ma petite mère, et on sait ce qu'on sait.

ROSE, *piquée.* Comment?.. que voulez-vous dire, monsieur Rouget?

ROUGET. Oh! rien!.. seulement c'est bien drôle que vous veniez tous les jours ici pour aider mam'selle Georgette à faire sa dentelle.

ROSE. C'est tout simple ; elle est mon amie d'enfance, et moi qui n'ai pas besoin de gagner ma vie, je suis bien aise de l'aider à gagner la sienne.

ROUGET. C'est bien gentil de votre part... travailler pour aider une amie... c'est dommage que cette amie-là ait un frère.

ROSE, *vivement.* Eh bien! après?.. qu'est-ce que ça fait?

ROUGET. C'est vrai!.. je dis une bêtise!.. un simple ouvrier mineur... c'est pas un parti pour la fille de M. Vinchon... un homme qui a des colzas et qui est dans les dignités municipales.

ROSE, *à part, impatientée.* Est-il agaçant cet être-là!

ROUGET. Et puis un garçon qui va faire six ans dans le centre... ce n'est pas encourageant. Tandis qu'un homme gradé... un homme qui va passer prochainement de la simple sardine au double galon d'argent... ça représente... c'est quelque chose dedans la *sociliété.*

ROSE, *perdant patience, et se levant.* Mais qu'est-ce que ça me fait?.. pourquoi me dites-vous tout ça?

GEORGETTE, *revenant.* Au fait, pourquoi l'ennuyez-vous de vos questions, de vos suppositions?..

ROSE. Vous êtes insupportable!

GEORGETTE. Et très-indiscret!

CATHERINE, *revenant.* Eh ben!.. eh ben!.. petites filles... qu'est-ce qu'il y a?.. vous querellez ce bon monsieur Rouget.

ROUGET. Laissez-les faire, maman Catherine, c'est si gentil le caquetage des jeunes poulettes!

CATHERINE. Vous feriez bien mieux de plier votre ouvrage, car voilà six heures qui viennent de sonner, et nos hommes ne tarderont pas à venir. (*Rose et Georgette vont ranger leur ouvrage.*)

ROUGET, *à part, regardant Rose.* Une fois l'autre parti... Elle y mordra! (*On entend aboyer.*)

CATHERINE. Tenez!.. voilà Canuche qui aboie comme d'habitude en entrant dans le village.

GEORGETTE. Pour que papa lui donne sa lanterne.

CATHERINE. Ou Julien son panier.

SCÈNE III.

LES MÊMES, MOREL, JULIEN, *puis un moment après*, CANUCHE.

MOREL, *en dehors.* Ici! Canuche, ici!.. Restez derrière!

GEORGETTE. Ah! Canuche aura fait des siennes... papa le fait rester à la porte.

MOREL, *entrant.* Et ne bougez pas! (*Il entre avec Julien ; ils sont tous deux en tenue d'ouvriers mineurs; à l'entrée de Morel, Rose et Georgette vont à sa rencontre et lui tendent le front. Il les embrasse.*) Bonjour, ma fille; bonjour, ma petite Rose.

ROSE. Bonjour, monsieur Julien.

JULIEN, *à Rose.* Ça va bien ce soir, mam'zelle Rose?

ROSE. Comme vous voyez.

CATHERINE. Allons, mes enfants, posez vite vos outils, la soupe est prête.

MOREL. Ah! vous voilà, monsieur Rouget! si le cœur vous en dit, il y a des écuelles sur la planche.

ROUGET. Merci, père Morel, c'est déjà fait, car je suis de garde ce soir sur la chaussée de Quiévrain, et j'étais entré dire bonsoir en passant.

MOREL. Vous êtes bien honnête.

JULIEN, *bas, à Georgette et à Rose.* Si ça dépendait de moi, je le prierais de garder ses honnêtetés pour lui, et de tourner les talons. Je ne l'aime pas, ce méchant douanier!

ROSE, *plaisantant.* Ah! il est pourtant bien gentil, n'est-ce pas, Georgette?

GEORGETTE. C'est un amour!

MOREL. Allons, à table. Tu n'as pas trop de temps pour t'apprêter, Julien.

JULIEN. Oui, père. (*Morel se place à un bout de la table, Catherine à l'autre; au milieu et face au public, Julien et Georgette qui sert la soupe.*)

ROUGET, *à droite, près de la cheminée.* Vous permettez que j'allume ma pipe?

MOREL. Faites donc, à votre aise, monsieur Rouget.

JULIEN, *à part.* Il ne s'en ira pas! (*On apporte la table sur le devant à gauche et on se place.*)

ROUGET, *à part, en bourrant sa pipe.* Je le taquine un peu, le petit blond.

MOREL. Et toi, Rose?.. tu ne viens pas?

ROSE. Je vais seulement vous tenir compagnie, j'ai dîné avec papa. (*Elle s'assied à droite.*)

JULIEN. Nous venons de l'apercevoir dans les champs en train de faire donner une façon à ses colzas.

MOREL. Oui, il fera une bonne récolte cette année.

ROUGET. Ça engraissera la dot de mam'zelle Rose... ça rendra le père Vinchon ambitieux pour sa fille.

JULIEN. A quelle heure êtes-vous donc de garde, monsieur Rouget?

ROUGET. J'ai le temps, merci! ne vous inquiétez pas.

CATHERINE, *regardant autour d'elle.* Et le chien?.. voyons tu ne l'appelles pas?

MOREL. Non, non, il est en pénitence.

CATHERINE. Qu'est-ce qu'il a donc fait?

MOREL. Il a aperçu le douanier Pichaud, et il s'est mis à courir après lui dans les champs.

JULIEN. Un beau jour il finira par tomber dans quelque puits abandonné.

ROUGET. Et bonsoir la compagnie! (*A part.*) Ça ne sera pas une perte.

CATHERINE. Pauvre bête! je ne m'en consolerais pas. Faut lui pardonner.

MOREL. Allons, je vais le faire entrer. Canuche! ici! tout de suite! (*Allant à la porte.*) Canuche! (*Canuche entre portant encore dans sa gueule une lampe de mineur. Il vient tout de suite auprès de Morel.*)

MOREL, *le caressant.* C'est bien!.. je vous pardonne.. allez, maintenant, allez dire bonsoir à la mère.

MOREL.

Air nouveau de *M. Oray*

PREMIER COUPLET.

C'est l'ami de la chaumière,
Le gardien de la maison.
Il n'est pas de race altière;
Mais il est fidèle et bon.
Il nous aime, il nous console,
Et s'il avait la parole
Il ne lui manquerait rien...
Ah! le bon chien!
Oua!.. oua!.. oua!..
Notre ami le voilà!..
Oua!.. oua!.. oua!...
Quel bon chien que celui-là!

GEORGETTE.

DEUXIÈME COUPLET.

Venez-là!.. donnez la patte!
Allons vite, et gentiment.
Pour aller à votre jatte,
Attendez le commandement!
Songez que l'on vous regarde,
Devant elle montez la garde
Ainsi qu'un bon citoyen.
Ah! le beau chien!

Attention, Canuche! (*Comptant:*) Un, deux, trois, quatre, cinq, six, sept. (*Camuche s'élance et mange sa soupe*).

TOUS.

Oua!.. oua!.. oua!..
Notre ami, le voilà!
Oua! oua! oua!
Quel bon chien que celui-là!

JULIEN.

TROISIÈME COUPLET.

S'agit-il de nous défendre?
Gardez-vous des accidents;
Car un mot lui fait comprendre
Qu'il faudra montrer les dents.
Bien heureux si l'on échappe!
Gare aux mollets qu'il attrape,
Ce qu'il tient, il le tient bien!..
Ah! le bon chien!

Attention, Canuche, défends ton maître!.. (*Canuche se met à aboyer et à poursuivre Rouget autour du théâtre.*

TOUS.

Oua!.. oua!.. oua!...
Notre ami le voilà!

Oua! oua! oua!
Quel bon chien que celui-là!

(*Canuche poursuit toujours Rouget qui finit par sortir en courant, suivi par le chien, et au milieu des éclats de rire de la famille.*)

SCÈNE IV.

LES MÊMES, *moins* ROUGET ET CANUCHE.

GEORGETTE, *riant, et regardant au fond.* Regardez!.. regardez!.. comme il se sauve!

ROSE. Quelle bonne chasse!

JULIEN. Nous en voilà débarrassés, grâce à ce pauvre Canuche.

MOREL, *se rapprochant de Catherine qui est restée assise, et lui prenant la main avec tendresse.* Eh bien! mère, il n'y a que vous que rien ne peut distraire, ni faire sourire.

GEORGETTE, *se rapprochant aussi.* Oh! maman n'est pas raisonnable aujourd'hui.

ROSE, *de même.* Et rien ne porte malheur comme de manquer de confiance. (*Julien vient également se placer auprès de Catherine, en sorte que la famille forme un groupe autour d'elle.*)

CATHERINE. Vois-tu, Morel, je pense au jour où tu n'auras plus notre cher Julien pour t'aider. Alors, tout le fardeau de la famille retombera sur toi. Et c'est un si rude métier que le vôtre.

MOREL. Bah! j'y suis fait depuis trente ans, et d'ailleurs... (*Montrant Georgette.*) voilà des petites mains qui ne resteraient pas à rien faire non plus.

ROSE. Sans compter les miennes qui sont à votre service, maman Catherine, car je suis bien un peu de la famille, pas vrai?

CATHERINE. Bonne petite Rose!

JULIEN. Vous voyez qu'en mon absence tout marcherait bien.

CATHERINE, *tristement.* Non... non... rien n'est bien, quand il y en a un qui manque! Et c'est un triste jour que celui qui peut ravir à une pauvre grand'mère comme moi, l'enfant qu'elle a porté dans ses bras, bercé sur ses genoux, le soutien de sa vieillesse.

JULIEN. Eh bien!.. ce jour aura cela de bon, du moins, qu'il fera cesser toutes nos incertitudes. S'il faut que je parte, je ferai comme tant d'autres qui paient leur dette à la patrie! Je partirai, bien triste, sans doute, de quitter la famille, la grand'mère que j'aime tant, et d'autres personnes encore; mais je me dirai qu'on pense à moi, que l'on m'attend, que six ans passent vite après tout, et qu'en revenant au pays, comme un brave garçon qui a fait son devoir, j'y trouverai pour récompense un bonheur que rien ne pourra plus m'enlever!

CATHERINE, *lui prenant les mains.* Ah! je ne compterai plus dans ce bonheur-là, mon pauvre enfant! (*Elle se lève.*)

JULIEN. Et pourquoi donc, mère?..

CATHERINE. Six ans!.. Ce n'est rien à ton âge!.. mais au mien, on ne voit pas si loin.

JULIEN. Et d'ailleurs, les bons numéros n'ont pas de préférence... j'aurai peut-être la main heureuse.

MOREL, *gaiement.* Il n'a pas encore le sac sur le dos, allez grand'maman, n'est-ce pas fillettes?

ROSE ET GEORGETTE. Non!.. non!..

MOREL. Allons, fils, va vite mettre ta veste, car il faudra bientôt te rendre à la mairie.

GEORGETTE. Et tu ne peux pas te présenter comme ça devant mon parrain.

ROSE. Je crois bien, depuis huit jours que papa est dans les autorités, il est devenu d'un susceptible...

MOREL. On ne sait plus comment lui parler!

GEORGETTE. Viens-tu m'aider, Rose? car moi aussi je veux me faire belle! on danse ce soir après le tirage, et j'espère que nous serons assez joyeuses pour en être. (*Elle remonte.*)

JULIEN, *à Rose.* Est-ce que vous danserez avec M. Rouget?

ROSE, *souriant.* Tout le temps! (*Elle remonte près de Georgette.*)

GEORGETTE.

Air : *Jeunes garçons, tendres fillettes.* (Maillart).

Grand'mère, ayez bonne espérance.

ROSE.

Le bon Dieu vous protégera.

MOREL.

Une voix me le dit d'avance,
Votr' petit-fils vous restera!

ENSEMBLE.

Grand'mère, ayez bonne espérance, etc.

(*Rose et Georgette sortent par la gauche, et Julien par la droite.*)

SCÈNE V.

CATHERINE, MOREL, VINCHON.

VINCHON, *en dehors.* C'est bien!.. c'est bien!.. dans dix minutes je suis à vous.

MOREL. Tiens!.. nous parlions de l'ami Vinchon, le v'là.

VINCHON, *entrant, et d'un air très-affairé.* Bonjour, Morel; bonjour, Catherine. Est-ce que ma fille n'est pas chez vous?

CATHERINE. Elle y a passé l'après-midi à travailler avec votre filleule.

MOREL. Elles sont là ensemble à s'atiffer pour tantôt.

VINCHON. Voilà bien les jeunesses! ça ne pense qu'à rire, à batifoler, au lieu de venir aider son père. Comme si je n'avais assez de casse-tête!

Les conscrits par ci, les mesures à prendre par là pour que tout se passe avec ordre... Et mon écharpe que je n'ai pu mettre!.. Ah! on ne sait pas ce que c'est que d'administrer une ville de cent soixante-trois habitants... y compris les enfants en nourrice!

MOREL. Ça ne doit pas être commode!

VINCHON, *changeant de voix pour faire les demandes et les réponses.* « Not' maire, sans vous commander, pensez-vous à la rivière qui déborde? » Oui, mon garçon. « Not' maire? » Quoi? « Vous n'avez donc pas d' z'yeux? » Mais si, puisque je te vois, imbécile! « C'est qu'y a l' petit chemin qu'empiète farme sur mon pré! » On le redressera, bêta!... Et puis, c'est l'école, c'est le clocher, la chasse, la pêche, la moisson; et pour comble d'agrément, les jalousies qui s'en mêlent, les cancans qui marchent et les femmes qui gâtent tout!

Air : *J'ons un curé patriote.*

Si je prends une mesure
C'est le contrair' qu'il eût fallu.
Si j' dis blanc, la chose est sûre,
Au noir, j' vais avoir déplu!
J' suis gros, minc' je s'rais mieux;
Je suis trop jeune et j' suis trop vieux.
Que d' tracas (*Bis.*)
N'avons-nous pas
Sur les bras
Pour faire, hélas!
Bien des ingrats!

DEUXIÈME COUPLET.

Pour Jean faudrait fair' la pluie
Et pour Thomas le beau temps.
J' les enterr', je les marie,
Et sur deux, deux d' mécontents.
On critiqu' tous mes discours,
On les trouv' trop longs, trop courts.
Que d' tracas (*Bis.*)
N'avons-nous pas
Sur les bras
Pour faire, hélas!
Bien des ingrats!

MOREL.

TROISIÈME COUPLET.

Après tout, de son village,
On occupe le premier rang,
Et, comme un gros personnage,
A l'église on a son banc!
Pour une bouteille au sonneur,
Les cloch's sonn'nt en votre honneur.
Que d' tracas! (*Bis.*)
Mais entre nous, ici-bas,
Il n'est pas
D' grandeurs sans tracas!

ENSEMBLE.

Que d' tracas (*Bis.*) etc.

MOREL. Mère, donnez-nous un pot de bière. Monsieur Vinchon, vous nous ferez bien l'honneur de vous rafraîchir?

VINCHON. Vous?.. M. Vinchon?.. Toi, un ami de trente ans!.. Tu ne me tutoies plus?

MOREL. Ah! dame... l'autre jour vous m'avez dit que le décorum...

VINCHON. C'est que nous étions en public. Une fois dans l'exercice de mes fonctions, ma dignité exige un langage respectueux. Mais, quand nous sommes entre nous, avec un pot de bière, le fonctionnaire va se promener et l'ami revient.

MOREL. A la bonne heure!.. touche-là, mon vieux!

VINCHON. Et à not' santé, mon brave Morel, sans oublier la vôtre, mère Catherine. (*Ils trinquent et boivent; le tambour se fait entendre au loin, et se rapproche pendant ce qui suit.*)

SCÈNE VI.

LES MÊMES, *puis* ROSE, GEORGETTE, JULIEN, CONSCRITS.

CATHERINE. Déjà le tambour!

MOREL. Oui, voilà nos jeunes conscrits.

VINCHON. Qu'est-ce qu'ils vont dire s'ils me voient sans écharpe!

MOREL. Julien! es-tu prêt?

JULIEN, *entrant.* Oui... oui... me voilà! (*A Catherine.*) Tenez, grand'maman, regardez votre petit-fils; le trouvez-vous bien comme ça?

CATHERINE. Trop bien! si tu as un mauvais numéro, ils te prendront. (*Les conscrits arrivent au fond, et s'arrêtent devant la porte.*)

LES CONSCRITS. Eh!.. Julien!.. Julien!.. viens-tu?..

MOREL, *les faisant entrer.* Un moment, un moment, les amis; avant de partir, vous boirez bien un coup de bière?

CHŒUR.

Air : *De la fiancée.*

Allons, conscrits, voici l' moment
D' payer sa dette à la patrie,
Et dans le sac de la mairie
D'aller au sort tirer gaîment.

JULIEN. Et voilà monsieur Vinchon qui marchera à notre tête pour aller à la mairie.

UN CONSCRIT. Ah! ça sera ben de l'honneur pour nous.

VINCHON, *à part.* Sans écharpe... une promenade officielle sans écharpe!

MOREL, *un pot à la main.* Allons, Vinchon, tends ton verre, mon vieux.

VINCHON, *bas.* Fais donc attention... tu me parles avec une familiarité... je fonctionne... mon cher, je fonctionne...

LES CONSCRITS. A la santé de not' maire! (*Entrent Rose et Georgette.*)

VINCHON. Ah!.. mes amis... certainement... (*A Morel.*) Si je leur faisais une petite allocution pour la peine?

MOREL. Oui, ça vaut ça.

VINCHON, *prenant un air de dignité.* Jeunes conscrits!.. espoir de la patrie!

TOUS. Silence!... silence!.. v'là monsieur Vinchon qui parle.

VINCHON. Espoir de la patrie!

LE CONSCRIT. Il a déjà dit ça.

LES AUTRES CONSCRITS. Tais-toi donc, silence!

VINCHON, *vexé.* Si vous interrompez l'orateur, alors...

GEORGETTE. Certainement... ça lui fait perdre le fil.

VINCHON. Heu!.. Je disais donc... allez, belle jeunesse!.. orgueil de votre commune!... (*Il prise.*) Souvenez-vous qu'on se doit à son pays! Pensez à la gloire qui vous attend! aux lauriers que vous allez cueillir dedans les champs de Bellone... et tâchez d'attraper un bon numéro!

TOUS. Vive monsieur le maire!

ROSE. Papa!.. je suis très-contente de vous.

GEORGETTE. C'est peu de chose, mon parrain, mais c'est très-bien!

MOREL. Je ne te croyais pas si fort sur l'éloquence.

VINCHON. Ni moi!

JULIEN. Conscrits, à vos rangs! (*A Catherine.*) Allons, bon espoir, grand'mère, et embrassez-moi, ça porte bonheur.

VINCHON. Cours devant, Rose, et prépare mon écharpe.

CATHERINE, *à Georgette.* Viens, ma fille, allons ensemble offrir un cierge à Notre-Dame de Bon-Secours, et la prier de nous conserver ton frère.

REPRISE DU CHŒUR.

Allons, conscrits, voici l' moment
D' payer sa dette à la patrie,
Et dans le sac de la mairie
D'aller au sort tirer gaiment!

(*On se met en marche. Vinchon marche fièrement à la tête des conscrits. Rose est partie devant; Catherine et Georgette suivent derrière. Morel reste sur la porte et regarde tout le monde s'éloigner.*)

SCÈNE VII.

MOREL, *seul, puis* CANUCHE.

MOREL, *après un temps.* Ici! Canuche, ici!.. (*Canuche revient du dehors, Morel rentre avec lui.*) Vous voilà revenu, coureur? Avez-vous bien fait trotter notre ami Rouget? — Oui!.. — Allons, venez tenir compagnie à votre maître! (*Venant s'asseoir près de la cheminée, à droite.*) C'est égal, je voudrais déjà savoir si Julien aura eu la chance pour lui! (*On entend un roulement de tonnerre.*) Ah!.. il se prépare de l'orage pour ce soir. Ça me rappelle celui où tu es arrivé ici, pauvre bête; tu n'étais pas gai et heureux comme maintenant, n'est-ce pas, mon bon chien? (*Canuche place sa tête sur les genoux de son maître. On entend tomber la pluie.*) Je suis fâché que la mère soit sortie, car voilà l'ondée qui commence. (*En ce moment, Lafouine et Renard passent au fond. Ils portent sur le dos des paquets attachés avec des courroies. Ils s'arrêtent, et se montrent la chaumière.*)

SCÈNE VIII.

LES MÊMES, LAFOUINE, RENARD.

LAFOUINE, *s'avançant sur le seuil de la porte.* Mon brave homme, voulez-vous permettre que nous nous abritions un moment chez vous?

MOREL, *se levant.* Entrez!.. entrez!.. ça ne se refuse pas. (*Ils entrent.*)

RENARD, *secouant son chapeau.* Mazette!.. ça tombe dru!

LAFOUINE, *de même.* Ça passera plus vite!

MOREL. Vous n'êtes pas du pays, à ce que je vois.

LAFOUINE. Non, non; nous sommes de plus de vingt lieues d'ici, et nous allons à Dunkerque, porter de la marchandise à un navire en partance.

RENARD, *se débarrassant.* Sans ce diable d'orage, nous ne nous serions pas arrêtés.

LAFOUINE, *de même.* Mais nous avions peur pour nos paquets.

MOREL. Eh ben! reposez-vous, et si vous aimez la bière fraîche, j'en ai à votre service. (*Il prend le pot, et sort par la gauche.*)

LAFOUINE. Oh! c'est pas de r'fus!

RENARD, *s'approchant de Canuche, étendu près de la cheminée.* Oh! le beau chien!

LAFOUINE. C'est drôle, comme il me rappelle le chien à Moineau.

RENARD. Qué chien donc?

LAFOUINE. Tu sais bien, ce joli chien qu'il avait dressé quelque temps avant de mourir.

RENARD. Oui, c'est de la même espèce.

LAFOUINE. Ça ferait joliment notre affaire.

MOREL, *revenant.* Tenez, goûtez-moi ça, c'est de la bonne, allez.

LAFOUINE. A votre santé, notre hôte.

MOREL. A votre bon voyage, mes braves gens. (*Ils boivent.*)

LAFOUINE. Vous avez là un fameux chien.

MOREL. Oui, c'est un bon animal.

RENARD. Et de fière race.

MOREL. Il n'y en a pas comme lui pour être intelligent et fidèle.

LAFOUINE. Dites-donc, voulez-vous le vendre?

MOREL, *allumant sa pipe, près de la cheminée.* Vendre mon chien!

LAFOUINE. Je vous en donne deux napoléons.

MOREL. Qu'est-ce que vous voulez donc en faire?

LAFOUINE. Moi, rien. C'est un Anglais, un milord, qui désire en avoir un dans le genre du vôtre, et qui nous avait chargés, mon camarade et moi, si nous en trouvions un par hasard, dans nos courses, de le lui acheter.

MOREL. Il n'aura pas celui-là, votre Anglais.

LAFOUINE. Trois jaunets, ça va-t-y?

MOREL. Non!

LAFOUINE. Quatre.

MOREL. Puisque je vous dis que je ne vends pas mon chien.

LAFOUINE. Il vous a donc coûté bien cher?

MOREL. Lui!.. il ne m'a rien coûté du tout!.. c'est lui qui est venu se donner à nous.

LAFOUINE. Se donner?..

MOREL. Oui; un soir... il tombait de l'eau à ne pas mettre...

RENARD. Un chien dehors.

MOREL, *riant.* Juste!.. c'est le cas de le dire. J'entends gratter à la porte; j'ouvre, et je vois un pauvre chien qui était crotté, qui était maigre!.. sans doute il venait de loin, et n'avait pas mangé depuis longtemps, car il ne tenait plus sur ses pattes. — Faut vous dire qu'à ce moment-là nous n'étions pas heureux. J'avais été malade, et le pain était cher. — C'est égal, je le fis entrer, et, comme nous allions manger la soupe, on rogna un peu sur la part de chacun pour faire la sienne, et il soupa mieux que nous, ce soir-là, je vous en réponds!

LAFOUINE. Il avait eu bon nez!

MOREL. Si vous l'aviez vu nous lécher les mains, nous sauter dessus pour nous remercier... nous en avions les larmes aux yeux. Puis, après avoir caressé tout le monde, il vint s'étendre près du feu, aux pieds de ma vieille mère, et il s'endormit comme s'il avait été de la maison.

LAFOUINE. Alors, vous l'avez gardé.

MOREL. D'abord, je n'en avais pas trop envie; c'était une bouche de plus à nourrir; mais, au premier mot que je dis là-dessus, ma fille se mit à pleurer, et ma brave femme de mère se fâcha tout rouge, en déclarant que renvoyer un chien qui se donne, c'était fermer la porte à l'ami que le bon Dieu nous envoie! Eh bien! soit! dis-je, celui-là s'appellera Canuche, et il sera le chien de la chaumière!

LAFOUINE. Et il y a de ça?..

MOREL, *se levant.* Deux ans, juste! *(Il va regarder au fond.)*

LAFOUINE, *bas, à Renard.* Je te parie que c'est le chien à Moineau.

RENARD, *bas.* Si on l'effarouchait?

LAFOUINE, *haussant les épaules.* Risquer une mauvaise affaire, n'est-ce pas, imbécile?

MOREL, *à lui-même, en regardant au dehors.* Personne encore!

LAFOUINE, *se levant, et à Renard.* Allons, camarade, la pluie a cessé, et nous avons du chemin à faire. *(Il reprend son paquet.)*

RENARD. En route! *(Il reprend le sien.)*

LAFOUINE. En vous remerciant, mon brave homme.

MOREL. Ça n'en vaut pas la peine.

LAFOUINE ET RENARD. Au revoir!

MOREL. Bon voyage!

LAFOUINE, *s'arrêtant à la porte.* Voyons!.. En voulez-vous cent francs?

MOREL. Non, vous dis-je.

LAFOUINE. En ce cas, adieu!

MOREL. Adieu! *(Renard se penche à l'oreille de Lafouine.)*

LAFOUINE, *le poussant dehors.* Laisse donc faire, j'ai mon idée! *(Ils sortent par le fond, à droite; aussitôt on entend un bruit de voix qui se rapproche, puis les conscrits qui passent au fond les uns après les autres, avec des numéros et des rubans à leurs chapeaux. Rouget arrive en regardant s'il voit Julien.)*

SCÈNE IX.

MOREL, ROUGET, *puis successivement* CATHERINE, GEORGETTE, ROSE, JULIEN.

ROUGET. Eh ben! père Morel, votre fils n'est pas revenu?

MOREL. Non, pas encore.

ROUGET. Pourtant le tirage est fait. Voyez, voilà déjà les conscrits qui s'en reviennent avec leurs numéros.

MOREL. Nous allons connaître celui de Julien.

ROUGET, *d'un air bon enfant.* Pourvu qu'il en ait un bon! *(A part.)* Un bon pour moi!

CATHERINE, *entrant.* Eh bien, Morel, as-tu vu Julien?

MOREL. Non, mère, mais il ne va par tarder.

ROSE, *entrant en courant.* Le voilà... Je viens de le voir qui sortait.

CATHERINE. Quel numéro qu'il a-t-il?

ROSE. Je n'ai pas osé regarder.

GEORGETTE, *entrant.* Eh! bien, il va nous le dire lui-même...

CATHERINE. Ah! il serait déjà là s'il en avait un bon. *(Julien paraît au fond, il a sur son chapeau le numéro 2.)*

ROUGET. Numéro 2!

CATHERINE, *allant à lui.* Julien!.. mon pauvre fils!

JULIEN. Que voulez-vous, mère, il fallait s'y attendre!

ENSEMBLE.

Air : *On craint cet instant.* (A. Maillart.)

CATHERINE.

Perdre mon enfant!
D'un chagrin si grand,
Hélas! j'avais le présage!
Je le sens, mon cœur
N'a pas le courage
De supporter ce malheur!

MOREL, GEORGETTE, ROSE, *à part.*

Perdre son enfant,
D'un chagrin si grand
Elle avait bien le présage;
Mais vite, à son cœur
Rendons le courage
Et prévenons ce malheur!

ROUGET, *à part.*

C'est fort désolant,
Mais pour moi, vraiment,
Ce deux est d'un doux présage;
Rien à mon bonheur
Ne fait plus ombrage,
A moi sa main et son cœur!

(*Catherine vient s'asseoir à l'avant-scène; elle pleure. Julien auprès d'elle cherche à la consoler. La musique en sourdine accompagne ce qui suit.*)

GEORGETTE, *bas, à Morel.* Allons, père, l'instant est venu, n'est-ce pas? hâtez-vous!

MOREL, *de même.* Oui, ma fille, oui, ma bonne Rose, je sais ce que j'ai à faire et j'y cours! (*Il disparaît un moment par la droite.*)

ROUGET, *à part.* Dès demain en descendant de ma garde de nuit, je lance la demande au papa Vinchon. (*Il remonte.*)

MOREL, *revenant avec son chapeau sur la tête, à Georgette et à Rose.*) Restez, mes enfants, et chargez-vous de consoler cette pauvre mère!

REPRISE DE L'ENSEMBLE.

CATHERINE.

Perdre mon enfant, etc.

MOREL, ROSE, GEORGETTE.

Perdre son enfant, etc.

ROUGET.

C'est fort désolant, etc.

(*A la fin de l'ensemble, Rouget s'éloigne par le fond à droite, Morel sort par le fond à gauche, suivi par Canuche. Depuis un moment, la nuit commence à venir. Rose parle bas à Georgette.*)

SCÈNE X.

CATHERINE, JULIEN, GEORGETTE, ROSE.

ROSE, *bas.* Ainsi, c'est bien convenu, pas un mot de moi?.. Je le veux, tu m'entends.

GEORGETTE. Eh ben! oui, je te le promets. (*Allant se placer entre Catherine et Julien.*) Allons, mère, séchez vos yeux, et puisque ce grand garçon vous tient tant au cœur... Eh bien!.. il vous restera!..

CATHERINE. Hein!.. que dis-tu?..

JULIEN, *avec tristesse.* Rester!.. Est-ce que c'est possible?

ROSE. Dame... il paraît!

GEORGETTE. Vous savez bien, Guillaume qui est sur la grande place et qui vend des bonnets de coton?

CATHERINE. Eh ben?

GEORGETTE. Eh ben! il vend aussi des hommes et, en ce moment, papa est en train d'en acheter un pour mon frère.

CATHERINE. Que me dis-tu là, fillette?

JULIEN. M'acheter un homme!.. avec quoi?..

GEORGETTE. Pardine... avec de l'argent, avec nos économies depuis l'an dernier.

CATHERINE. Seigneur Dieu!.. c'est-y bien vrai?

GEORGETTE. Papa faisait de temps à autre deux heures de corvée; moi je me levais un peu plus tôt, je me couchais un peu plus tard, et petit à petit, lui avec sa pioche, moi avec mon aiguille, nous avons amassé la somme!

CATHERINE. Je n'ose croire à tant de bonheur!

JULIEN. Et moi donc!.. J'en suis tout étourdi!

CATHERINE. Comment!.. il ne partirait pas?..

JULIEN. Je resterais parmi vous?..

CATHERINE. Et le peu de temps que j'ai à vivre, je le passerais au milieu de tous mes enfants?..

GEORGETTE. Puisque je vous le dis, puisque c'est fait maintenant.

CATHERINE, *l'embrassant.* Ah! ma Georgette!..

JULIEN, *de même.* Ma bonne petite sœur! (*A Catherine, en la pressant dans ses bras.*) Et vous, mère!.. ah! je suis si content!.... si heureux!.... que je voudrais embrasser tout le village!

GEORGETTE, *poussant Rose.* Rose en est... ne te gêne pas!

ROSE, *se sauvant.* Tiens!.. faudrait payer pour tout le monde!.. merci!

GEORGETTE. Entendez-vous la musique?.. Quand je vous disais que nous danserions ce soir?

JULIEN. Mam'zelle Rose, la première sera pour moi?

ROSE, *gaiement, et lui tendant la main.* De bon cœur, monsieur Julien!

CATHERINE. Je crois qu'un peu plus, je danserais aussi.

GEORGETTE. Eh! bien, venez avec nous grand'mère.

JULIEN. Venez jouir de notre gaieté, de notre bonheur!

CATHERINE. Non, non, toutes ces émotions m'ont trop agitée; mais je ne veux pas vous retenir. Allez... moi, je vais me reposer et remercier Dieu. (*Elle serre la main de Julien.*)

GEORGETTE. Allons, vite, suivons les voisins, les amis.

CATHERINE. Et votre père, vous ne l'attendez pas?

GEORGETTE. Tout est convenu... il nous rejoindra.

ROSE. Avec papa!

ENSEMBLE.

ROSE, GEORGETTE, JULIEN.

Air : *Dans mon gai moulin.* (Maillart.)

Bonsoir au chagrin!
Oui, pour jamais il nous quitte.
Amis, courons vite
Au bruit de ce joyeux refrain!

(*Ils sortent en courant par le fond et suivis par d'autres paysans et paysannes qui passent. Pendant que l'orchestre continue en sourdine, Catherine rentre silencieusement dans sa chambre. En même temps Morel reparaît au fond; il est triste, abattu; il entre dans la chaumière et vient tomber sur une chaise. La nuit est venue par degrés.*)

SCÈNE XI.

MOREL, *seul, puis, un moment après,* Lafouine *et* Renard.

MOREL. Oh! ma pauvre mère! que te dirai-je maintenant? après une si grande joie, une si grande douleur... Il y a de quoi la tuer... Et ces enfants si gais... si confiants!.. qui pouvait prévoir ça!.. Et où trouver ces deux cents francs qui me manquent?.. Pour en amasser quatre... il nous a fallu plus d'un an... un an de travail forcé... de veilles... Oh!.. c'est affreux!.. (*Lafouine paraît au fond avec Renard; ils se parlent à l'oreille en approchant de la porte, et tout en entrant dans la chaumière.*)

LAFOUINE, *venant frapper sur l'épaule de Morel.*) Eh! bien, brave homme?

MOREL. Ah! c'est encore vous?

LAFOUINE. En voulez-vous six napoléons?

MOREL, *se levant.* Je vous ai déjà dit non!

LAFOUINE. C'est pourtant un joli denier!

RENARD. Pour une méchante bête...

MOREL, *se levant.* Ah!.. laissez-moi!.. je n'ai pas la tête à ce que vous me dites...

LAFOUINE. Oui... on nous a dit que votre garçon n'avait pas eu de chance au loto!

RENARD. C'est vrai que ce n'est pas gai!.. car s'il y en a qui en reviennent ..

LAFOUINE. Il y en a aussi qui y restent! (*Morel marche à grands pas dans la chambre.*)

MOREL, *à lui-même.* Non... non!.. c'est impossible!.. Je ne le ferai pas. (*Il s'arrête près de Canuche qu'il caresse.*)

LAFOUINE. Voyons!.. deux cents francs!

MOREL, *à part.* Deux cents francs!.. (*Il traverse rapidement la scène et va écouter à la porte de Catherine.*)

LAFOUINE. Oui, ou non?

MOREL, *vivement,* Taisez-vous!.. taisez-vous!.. ma mère est là!... elle prie!.. (*Écoutant encore et à voix basse comme répétant les paroles qu'il entend.*) « Merci, mon Dieu!.. vous qui m'avez « conservé mon fils... mon fils chéri!.. » Et je le lui enlèverais maintenant!.. quand d'un mot je pourrais...

LAFOUINE, *se rapprochant.* Eh bien?..

MOREL. Écoutez!.. jurez-moi, si je me décide... qu'on aura soin de lui... qu'il sera heureux!

LAFOUINE. S'il ne faut que ça!.. le prix qu'il aura coûté vous en répond!

MOREL, *avec effort.* Et ben!.. emmenez-le... emmenez-le vite!..

LAFOUINE. Mais, voudra-t-il venir avec nous?

RENARD. Il faut l'attacher, le museler.

MOREL. Non, pas ici; on pourrait nous entendre, et personne ne doit savoir... J'irai avec vous, un bout de chemin. (*Allant auprès du chien, et se baissant à côté de lui avec émotion.*)

Air : *Des couplets du chien.*

J'eus pitié de ta misère;
Bon Canuche, fais comme moi,
Viens en aide au pauvre père
Qui n'a plus d'espoir qu'en toi!
Pars, ami, trésor si rare!
Quand le malheur nous sépare,
Quel chagrin sera le mien!
Ah!.. mon bon chien!..

(*Il porte la main à ses yeux. En ce moment, on entend la voix de Rouget, qui chante dans la coulisse.*

ROUGET, *en dehors.*

Aussi le douanier, toujours,
Par ses airs, ses discours,
Est le roi des amours
Et le coq des alentours.

MOREL, *très-bas, et mettant la main sur la gueule de Canuche.* Cachez-vous! c'est le brigadier de la douane... Il est si bavard!.. il serait capable de trahir mon secret! (*Lafouine et Renard se tiennent dans un coin. On voit passer, au fond, Rouget suivi par quatre douaniers avec leurs capotes de nuit et leurs mousquetons sur l'épaule.*)

ROUGET, *tout en marchant.*

En le voyant, chaque fille de s'écrier :
Point d' bonheur sans l' beau douanier!..

LAFOUINE, *regardant à la porte avec précaution.* Ils s'éloignent!

MOREL. Marchez devant! je vous suis! (*L'orchestre joue en sourdine le refrain de la chanson. — Le rideau baisse.*)

FIN DU PREMIER ACTE.

ACTE DEUXIÈME.

Le théâtre représente la cour de la chaumière de Morel fermée par une palissade en planches à hauteur d'appui. Porte charretière; près de cette porte, la niche du chien; au fond, une montagne praticable; au milieu de la cour, un gros arbre près lequel est une grande table.

SCÈNE PREMIÈRE.

GEORGETTE, PAYSANNES, *puis* CATHERINE.

(Au lever du rideau, Georgette et les femmes du village sont en train de mettre le couvert.)

CHŒUR.

Air des *Fileuses*. (Tolbecque.)

Allons gaîment à l'ouvrage!
Vite, faisons nos apprêts!
Chaque femme du village
Pour ce r'pas veut s' mettre en frais!

GEORGETTE. Merci, merci, voisines... C'est bien aimable à vous de me donner un petit coup de main.

PREMIÈRE PAYSANNE. Pardine! entr'amies, c'est tout simple.

GEORGETTE, *à Catherine, qui entre avec un panier.* Voyez donc, grand'mère... voyez donc... que de choses!

CATHERINE. Eh! mon Dieu, petite-fille, ça sera un vrai festin!

GEORGETTE. J' crois bien!.. Toutes nos femmes de mineurs ont voulu fêter la saint Pierre... chacune d'elles a apporté son plat.

CATHERINE. Ah! que c'est bien, voisines, d'avoir pensé à cette petite fête de famille... qui a bien failli être un jour de deuil.

PREMIÈRE PAYSANNE. Le père Morel n'est-il pas l'ami, le doyen de nos maris, de nos frères?.. Sa fête, c'est celle de tout le pays.

CATHERINE. Le brave homme!.. C'est ben le moins qu'il ait un jour de repos et de bonheur... S'en donne-t-il du mal!.. toujours le premier à la besogne... cette nuit encore je l'ai entendu partir comme quatre heures sonnaient.

GEORGETTE. Ah çà! nos amis ne vont pas tarder à revenir de l'ouvrage... faut aller au devant d'eux.

CATHERINE. Et au lieu de les conduire chez vous, vous les amènerez ici.

GEORGETTE. Pendant ce temps-là, je vais achever les préparatifs du dîner.

CATHERINE. Moi, faire double pâtée à Canuche. Je veux qu'il se ressente de la fête... qu'il ait aussi sa petite surprise, quand il reviendra avec son maître. (*Elle entre dans la maison, à gauche.*)

GEORGETTE. C'est ça, grand'mère!

PREMIÈRE PAYSANNE. Et nous, en route!

REPRISE DU CHŒUR.

Allons gaîment à l'ouvrage,
Vite achevez vos / achevons nos apprêts.
Pour le doyen du village,
Aujourd'hui faut s' mettre en frais!

(Les paysannes sortent par le fond.)

SCÈNE II.

GEORGETTE, *puis* JULIEN.

GEORGETTE. Ce bon père!.. Je me fais d'avance une joie de son étonnement, de son plaisir...

JULIEN, *entrant par le fond.* Bonjour, petite sœur.

GEORGETTE. Ah! te voilà, toi!.. Tu te dépêches d'arriver quand on n'a plus besoin de tes services.

JULIEN. Quoi donc?.. qu'est-ce qu'il y a?

GEORGETTE. Et qu'est-ce que c'est que cette tenue-là?.. tu ne travaillais donc pas, aujourd'hui?

JULIEN. Eh non!.. Tous les conscrits avaient congé.

GEORGETTE. Mais alors, d'où viens-tu?

JULIEN. C'est ça!... faut que je rende des comptes à Mademoiselle.

GEORGETTE. Dame!.. étant la plus jeune et la plus raisonnable...

JULIEN. Allons, tiens, je ne veux pas te faire languir!.. D'où je viens?.. Je viens de Quiévrain.

GEORGETTE. Ah!.. Je voudrais bien savoir ce que tu as été faire là, par exemple!..

JULIEN, *la prenant dans ses bras.* Hier, à la danse, est-ce que tu n'as pas remarqué comme toutes les jeunes filles étaient bien parées?

GEORGETTE. Ma foi, non... Je ne voyais que toi... Je dansais... j'étais heureuse.

JULIEN. Eh bien! moi, je les regardais... et je pensais tout bas que, si ma petite sœur, si ma bonne Georgette n'était pas aussi brave que ses compagnes, c'est qu'elle avait consacré toutes ses épargnes à racheter son frère... ça me taquinait! Aussi, ce matin, je me suis dit: eh bien! morbleu! je veux qu'aujourd'hui, à la fête de not' père, elle n'ait rien à envier aux autres.

GEORGETTE. Comment?.. comment?.. que signifie?

JULIEN. Là-dessus, j'ai pris trois écus que j'avais de côté... mon restant de paie du mois dernier... Je me suis mis en route au petit jour... (*Lui donnant un petit paquet.*) et voilà!

GEORGETTE, *le dépliant.* Oh! la jolie dentelle!

JULIEN. Hein!.. seras-tu jolie!.. seras-tu pimpante avec ça!

GEORGETTE, *l'embrassant.* Mon bon Julien !.. que c'est gentil à toi d'avoir pensé !.. Eh bien ! de mon coté, va, je ne t'oubliais pas.

JULIEN. Toi?.. vraiment?..

GEORGETTE. Oui... oui... Je me disais : voilà un jour qui va peut-être amener bien du changement dans la maison.

JULIEN. Du changement?.. que veux-tu dire?

GEORGETTE. Crois-tu donc que depuis longtemps je n'ai pas deviné ton secret?

JULIEN. Mon secret?

GEORGETTE. Voyons, avoue-le !.. Tu aimes Rose?

JULIEN, *avec abandon.* Eh bien ! oui !.. c'est la vérité!

GEORGETTE. A la bonne heure !

JULIEN. Tant que mon sort n'était pas fixé, tu comprends que j'ai dû me taire, lui cacher l'amour que je ressentais pour elle.

GEORGETTE. Sans doute; mais à présent, Dieu merci, tu peux te déclarer.

JULIEN. Eh ! mon Dieu, sais-je seulement si je suis aimé?

GEORGETTE, *souriant.* Ah ! si ce n'est que ça !..

JULIEN, *vivement.* T'aurait-elle fait quelque confidence?

GEORGETTE. Non !.. oh ! pour des confidences, elle ne m'en a pas fait... mais entre femmes on n'a pas besoin de se parler pour se comprendre... et je suis bien certaine...

JULIEN. Mais encore?.. qui peut te faire supposer?

GEORGETTE. Quand ce ne serait que sa rougeur, son embarras en ta présence... l'intérêt qu'elle prend à tout ce qui te concerne.

JULIEN, *d'un air de doute.* Tu t'es figuré ça!

GEORGETTE.

Air de *Lauzun.*

Au risque d' fair' ben des jaloux,
C'est toi qu'elle accepte à la danse ;
Chaque fois qu'elle vient chez nous,
Elle choisit de préférence
L'instant où finit ton labeur;
Car c'est la méthode ordinaire :
Toujours l'on vient pour voir la sœur
Quand on est sûr de trouver le frère.
Oui, l'on vient exprès pour la sœur,
Mais on s'arrange pour trouver l' frère.

JULIEN. Ce n'est peut-être qu'un effet du hasard... et si tu n'as pas d'autres preuves...

GEORGETTE. Ah ! tu m'impatientes à la fin !.. Eh bien ! si, j'en ai une... et une bonne !

JULIEN. Oh ! parle, parle, je t'en prie...

GEORGETTE. Hum !.. vous ne le mériteriez guère !.. douter d'elle... de son cœur... après ce qu'elle a fait !

JULIEN. Georgette !.. au nom du ciel, apprends-moi...

GEORGETTE. Sachez donc, monsieur l'incrédule, que la somme qui a servi à vous racheter de la conscription ne venait pas de moi seule... mais qu'elle était aussi le fruit du travail de notre amie. (*Rose paraît, et s'arrête au fond.*)

JULIEN. De Rose?

GEORGETTE. Oui, de Rose, qui ne pouvait supporter la crainte de vous perdre... et qui a passé bien des nuits en cachette pour gagner sa part de votre rançon.

JULIEN. Il serait possible !..

SCÈNE III.

LES MÊMES, ROSE.

ROSE, *s'avançant.* Indiscrète !.. Tu m'avais pourtant promis de me garder le secret.

JULIEN, *avec joie.* C'est elle !

GEORGETTE, *avec malice.* Ah ! mon Dieu !.. mon oie que j'oublie !.. (*Elle rentre vivement dans la maison, à gauche.*)

ROSE. Eh bien !.. elle s'en va !.. (*Faisant quelques pas pour la suivre.*) Georgette !.. Georgette !.. écoute donc !..

JULIEN. Mam'zelle Rose !.. restez, je vous en prie ! Laissez-moi vous remercier... vous dire tout ce que j'éprouve de joie... de reconnaissance.

ROSE, *avec embarras.* Mon Dieu, ce que j'ai fait est bien naturel... et...

JULIEN. Il est donc vrai !.. je vous dois le bonheur de rester près de ma famille, près de vous que j'aime...

ROSE, *très-émue.* Monsieur Julien !..

JULIEN. Ah ! c'est la première fois que cet aveu m'échappe... mais depuis longtemps je ne songeais qu'à vous... vous plaire, vous mériter, c'était mon seul but, ma seule ambition.

ROSE. Oh ! oui... je le savais bien !.. j'avais compris votre silence... votre délicatesse.

JULIEN. Et mon amour ne vous déplaisait pas?.. (*Rose baisse les yeux sans répondre.*) Oh ! si ma sœur ne s'était pas trompée... si je pouvais croire à ce qu'elle me disait tout à l'heure...

ROSE. Quoi donc?.. que vous disait-elle?

JULIEN.

Air : *Seule avec le cours des rentes.* (Femmes du monde. J. Nargeot.)

Elle disait qu'à moi sans cesse
Vous vous plaisiez à songer ;
Que mes vœux et ma tendresse,
Vot' cœur daignait les partager ;
Que votre crainte secrète
Était de me voir partir.
Ah ! ce que m'a dit Georgette...

ROSE.

Eh bien ! ce qu'a dit Georgette ?..

JULIEN.

N'allez pas le démentir! (*Bis.*)

(*Après un moment de silence et avec tristesse*).

DEUXIÈME COUPLET.

Mais non!.. tant d'espoir sans doute
Était un rêve, une erreur;
Cet instant, je le redoute,
Va me ravir tout mon bonheur.
Quoi! votre bouche est muette?

ROSE, *baissant les yeux.*

Se taire, c'est consentir...
Et c' que vous a dit Georgette...

JULIEN.

Eh bien, ce qu'a dit Georgette?..

ROSE.

Je n' veux pas le démentir! (*Bis.*)

JULIEN, *avec transport.* Rose!.. chère Rose!..

GEORGETTE, *revenant.* Eh bien! est-ce arrangé?

JULIEN. Ah! petite sœur, que je suis heureux!.. Elle m'aime!

GEORGETTE. Quand je te le disais!

ROSE. Mais dame! ça ne suffit pas... Il faut le consentement de mon père.

GEORGETTE. Tiens! c'est vrai! je n'y songeais plus.

JULIEN. Not' père, dès aujourd'hui, se chargera de la demande.

GEORGETTE. Lui?.. non pas!.. il gâterait tout.

JULIEN. Comment?

GEORGETTE. Sans doute : il est le moins riche des deux... par conséquent, le plus fier... Le père Vinchon n'aurait qu'à faire sonner trop haut ses écus... à parler de ses colzas... une affaire est bien vite manquée. Celle-ci exige des ménagements, de l'adresse... et je m'en charge.

ROSE. Toi?

GEORGETTE. Moi-même...

VINCHON, *en dehors.* Rose!.. Rose!..

GEORGETTE. Le voilà, laissez-moi!

ROSE. Mais...

GEORGETTE, *à Rose.* Passe par le jardin. (*A Julien.*) Et toi, va aider grand'mère à tourner la broche.

JULIEN. Oui... oui... je vas tourner la broche... et je m'abandonne à toi!

ENSEMBLE.

Air de *la Péri.*

Silence!
Prudence!
Laissez-nous / Laissons-les { tous deux.
Un père,
J'espère,
Comblera vos / nos vœux.

(*Julien entre à droite. Rose sort par la gauche. Georgette s'assied sur le devant, à droite, et se met à éplucher des légumes. Vinchon paraît au fond.*

SCÈNE IV.

GEORGETTE, VINCHON.

VINCHON, *à la cantonade.* C'est bon!.. c'est bon!.. Je n'ai pas le temps de 'occuper de ça aujourd'hui. (*Entrant.*) Où est-elle?.. encore à jacasser?

GEORGETTE, *à part, épluchant des légumes.* Attention!.. (*Haut.*) Tiens! c'est vous, mon parrain?

VINCHON. Pardienne, oui, c'est moi... Je cours, comme d'habitude, après mam'zelle Rose, que j'attends depuis une heure, et qui n'en finit pas de revenir... Et cet imbécile qui m'arrête au passage pour me parler de réparations à faire... de son pont... de son arche... (*A Georgette.*) Tu ne l'as pas vue? Je la croyais chez vous.

GEORGETTE, *riant.* L'arche?

VINCHON. Mais non, Rose. Cette petite fille-là me fera damner... s'absenter quand je suis à moitié habillé!..-quand j'ai besoin d'elle pour attacher ma cravate!..

GEORGETTE. Eh bien! s'il ne s'agit que de vot' cravate, parrain, est-ce que je ne pourrais pas?..

VINCHON. Vraiment!.. tu aurais la chose de..?

GEORGETTE. Comment donc!.. à vot' service!.. (*Lui donnant une chaise.*) Tenez, mettez-vous-là, épluchez ma carotte, et j' vas vous mettre votre cravate.

VINCHON, *prenant le couteau et la carotte.* Ah! t'es bien aimable, fillotte! (*Il se met à éplucher.*)

GEORGETTE, *lui mettant sa cravate, et après un temps.* A propos, est-ce vrai ce qu'on dit?

VINCHON. Quoi?

GEORGETTE. Que vous pensez à la marier?

VINCHON. Qui?

GEORGETTE. Eh bien, Rose, votre fille.

VINCHON. On dit ça?.. au fait, oui, j'y pense... Elle est d'âge, pas vrai?

GEORGETTE, *s'asseyant près de lui, et épluchant aussi.* Et c'est pas les maris qui manqueront.

VINCHON. J' crois bien!

GEORGETTE, Gentille comme elle est.

VINCHON. Et avec ça, une bonne dot. — Sais-tu que les colzas ont encore monté de soixante centimes par hecto!

GEORGETTE, *à part.* Allons, bien!.. les colzas!

VINCHON. C'est une pièce de mille francs à ajouter au magot.

GEORGETTE. Aussi, en fait d'épouseurs, vous n'avez que l'embarras du choix.

VINCHON. Comme tu dis!

GEORGETTE. Il y a, d'abord, Jean Ledru, le meunier...

VINCHON. Eh! eh! ce gars-là me conviendrait assez...

GEORGETTE. Un bon moulin, de bonnes terres...

VINCHON. Oui... oui, t'as raison.

GEORGETTE. C'est ben dommage qu'il ait un défaut.

VINCHON. Un défaut?

GEORGETTE. Celui de boire.

VINCHON. Ah! bah!.. il boit?.. je n' m'en suis jamais aperçu.

GEORGETTE. Avec ça que, quand il est en ribotte, c'est bien la plus mauvaise tête... Il serait capable de battre sa femme.

VINCHON. Battre ma fille!.. Oh! oh! j' n'entends pas çà!

GEORGETTE. Du reste, il y en a d'autres.

VINCHON, *épluchant toujours*. Tiens, s'il y en a d'autres!

GEORGETTE. Quand ce ne serait que le fils de vot' voisin, le nourrisseur.

VINCHON. Les plus belles bêtes à cornes du pays!

GEORGETTE. Voilà vot' affaire!

VINCHON. Voilà mon affaire!..

GEORGETTE. Seulement, celui-là, c'est un courreur et un dépensier.

VINCHON. Diable!

GEORGETTE. Et qui aurait bientôt croqué l'argent de cette pauvre Rose.

VINCHON. Je n'en veux pas!

GEORGETTE. Ensuite, nous avons Cabassol!..

VINCHON. Tiens!.. c'est vrai, Cabassol!..

GEORGETTE. Ah!.. mais Cabassol, faut pas trop y compter... il est promis à sa cousine.

VINCHON. Oh! alors!..

GEORGETTE. Et puis, y a Claude Blanquet.

VINCHON. Ah! oui... ah! non!.. il vient de tomber au sort.

GEORGETTE. Ah! c'est juste!.. Et puis... et puis Rouget.

VINCHON. Le douanier? Justement, je crois qu'il en tient pour la petite.

GEORGETTE. Mais dame, Rouget... il est bien laid.

VINCHON. Heu!.. heu!

GEORGETTE. Et pas tout jeune.

VINCHON. Quarante ans...

GEORGETTE. A ce qu'il dit!.. mais je parierais pour quarante-cinq.

VINCHON Tant que ça?

GEORGETTE. D'ailleurs, Rose ne peut pas le souffrir.

VINCHON. Tu crois?

GEORGETTE. Et vous êtes trop bon père pour vouloir contraindre son cœur.

VINCHON, *se levant*. Oui, certes!.. d'autant plus qu'un simple brigadier... ah! s'il était sergent!.. mais il ne l'est pas... et, du moment qu'il déplaît à ma fille... et qu'il n'est pas sergent... n'en parlons plus!

GEORGETTE, *se levant aussi*. N'en parlons plus!.. Il y en a d'autres!

VINCHON, *se grattant le front*. Y en a d'autres!.. c'est-à-dire que je n'en vois plus.

GEORGETTE. Tiens! c'est vrai, au fait, j'ai beau chercher...

VINCHON. Ah! si!.. y en a encore un.

GEORGETTE. Bah!.. qui donc?

VINCHON. Julien.

GEORGETTE. Mon frère?..

VINCHON. Pardienne!.. Comment diable ne pensais-tu pas à lui?.. il me semble qu'il est à marier.

GEORGETTE. Ah! bien, oui... mais c'est que mon frère...

VINCHON. Quoi, ton frère?

GEORGETTE. Dame, je ne sais pas s'il aime vot' fille.

VINCHON. Et pourquoi donc qu'il ne l'aimerait pas?.. La plus jolie fille du pays!.. Des enfants qui ont été élevés ensemble!

GEORGETTE.

Air : Vaudeville de l'*Intérieur de l'étude*.

Et puis, pour entrer en ménage,
Rose est riche et lui n'a pas d' bien.

VINCHON.

Il a d' bons bras et du courage,
Comptes-tu donc tout ça pour rien?

GEORGETTE.

Ça ne suffit pas...

VINCHON

Enfin ton frère
Est beau garçon, jeun', bien portant,
Si c'est pas grand chos' pour le père,
Pour la fill', c'est d' l'argent comptant.

GEORGETTE. Mais encore faudrait-il que papa consente...

VINCHON. Je voudrais bien voir qu'il fasse le renchéri avec moi... un ami de trente ans!

GEORGETTE. Ecoutez-donc!.. il a peut être d'autres idées...

VINCHON. D'autres idées!.. Eh bien, justement puisque c'est comme ça, je veux que ce mariage se fasse...

GEORGETTE. Vous voulez!.. vous voulez!..

VINCHON. Oui, morbleu!.. je le veux! je l'ai mis dans ma tête... et nous verrons bien si Morel s'y oppose quand, moi, je donne mon consentement.

GEORGETTE, *à part*. Enfin! ce n'est pas sans peine!

SCÈNE V.

LES MÊMES, ROSE ET JULIEN, *qui depuis quelques instants ont reparu et écouté*.

ROSE, *s'approchant vivement*. Ah! mon père!..

JULIEN. Mon bon monsieur Vinchon!

VINCHON, *étonné*. Hein?... comment?... vous étiez là?..

ROSE. L'ai-je bien entendu?..

JULIEN. Vous consentez à not' mariage?

VINCHON. Certainement, j'y consens!..

JULIEN ET ROSE. Quel bonheur!

VINCHON, *à Georgette*. Eh ben! tu entends!.. Et toi qui prétendais qu'il ne l'aimait pas!..

JULIEN ET ROSE, *étonnés et regardant Georgette qui leur fait des signes d'intelligence*. Comment?..

GEORGETTE, *niaisement*. Dame, mon parrain, je ne pouvais pas deviner, moi!

VINCHON. Ah! je t'aurais crue plus maline que ça!....

SCÈNE VI.

LES MÊMES, ROUGET.

ROUGET, *à la cantonade*. Vous dites chez le père Morel?.. C'est bien!.. merci!..

VINCHON. Eh! c'est Rouget.

JULIEN, *à part*. Qu'est-ce qu'il veut encore, cet animal-là?

ROUGET, *entrant et portant la main au schako*. Salut, monsieur le Maire et la compagnie.

VINCHON, *le regardant*. Pristi!.. comme te v'là beau! comme te v'là ficelé!

GEORGETTE. La grande tenue!..

ROSE. Des gants blancs!

ROUGET. Oh!.. on est propre, v'là tout; histoire de ne pas faire peur aux jeunesses.

VINCHON. Et d'où donc que tu viens comme ça?

ROUGET, *avec intention*. Je viens de chez vous, monsieur le Maire.

VINCHON, De chez moi?

ROUGET. Oui, j'avais à vous parler d'une affaire.., une affaire privée.

VINCHON. Une affaire privée!.. En ce cas, tu me conteras ça plus tard.

ROUGET. Ah! mon Dieu, c'est pas un secret, après tout... et puisque je vous tiens là, autant vous dire tout de suite... (*A part.*) Je ne suis pas fâché de vexer mon rival.

VINCHON. Eh! bien, voyons, de quoi s'agit-il?

ROUGET. Voilà... monsieur le Maire... vous me connaissez: vous savez que pour le service n'y en a pas un plus enragé qu' moi... et que le gouvernement n'attend qu'une occasion de me témoigner son estime en me décernant les galons de sergent.

VINCHON. Oui... oui... c'est possible!.. Et après?

ROUGET. Quant au physique, je crois, sans me flatter, qu'il n'a rien de désagréable à l'œil nu...

JULIEN, *à part*. Où veut-il en venir?..

VINCHON. Enfin?..

ROUGET. Enfin, monsieur le Maire, c'est donc pour vous dire que depuis longtemps je palpite pour mam'selle Rose, et que j'ai celui de vous demander sa main.

VINCHON. Sa main!..

JULIEN. La main de Rose!..

ROUGET, *à part*. Est-il vexé!

JULIEN, GEORGETTE ET ROSE, *riant*. Ah! ah! ah!..

ROUGET. Hein!.. quoi donc?..

GEORGETTE. Ah! ah! ah!.. ce pauvre monsieur Rouget!..

ROUGET. Comment?.. qu'est-ce qui vous fait rire?

VINCHON. J'en suis bien fâché, mon garçon, mais tu arrives trop tard.

ROUGET. Trop tard!

VINCHON. Je viens de la promettre.

ROUGET. Ah! bah!.. et à qui donc?

VINCHON. Eh! pardienne, à lui...

GEORGETTE. A Julien!

ROUGET. A Julien?

JULIEN, *avec ironie*. Si vous voulez bien le permettre, monsieur Rouget.

ROUGET. Comment!.. mais puisque Julien s'en va... puisqu'il est conscrit...

GEORGETTE. Mais non!.. D'où sortez-vous donc? il ne part plus.

ROSE. Il s'est fait remplacer.

ROUGET. Ah!.. c'est différent!.. enchanté pour lui... (*A part.*) Je bisque.

ROSE, *ironiquement*. Bien flattée de l'honneur que vous vouliez me faire, monsieur le brigadier.

GEORGETTE. Mais consolez-vous!.. Il vous sera facile de trouver d'autres partis... vous savez, comme dit votre chanson... (*Fredonnant.*)

> Le douanier toujours,
> Toujours par ses airs, ses discours,
> Est le roi des amours
> Et le coq des alentours...

ROUGET. Sans doute... sans doute... C'est pas ça qui m'embarrasse... Ah! je contre-bisque!

VINCHON. Allons, sans rancune, mon garçon. Faut que j'aille finir de m'habiller pour la fête du père Morel... Viens-tu, Rose?

ROSE. Je vous suis, mon père.

JULIEN. Mais à bientôt, n'est-ce pas?

ROSE. Oui, oui... à bientôt! (*A Rouget, en riant.*) Adieu, beau joli coq!

ENSEMBLE.

Air du *Chevalier du guet*. (J. Nargeot.)

VINCHON, ROSE, JULIEN.

> Allons, pour cette fête,
> Il faut nous/vous tenir prêts;
> Courons/Courez fair' not'/vot' toilette
> Et chercher nos/vos bouquets.

ROUGET, *à part*.

> A lui cette conquête,
> Et j'en suis pour mes frais.

Mais il serait trop bête
De montrer des regrets.
(*Vinchon et Rose sortent par le fond. Georgette sort par la droite.*)

SCÈNE VII.

JULIEN, ROUGET.

ROUGET, *à part.* C'est ça qu'on me préfère!.. Ah! les femmes!

JULIEN, *à part.* Eh bien! est-ce qu'il va rester ici?

ROUGET, *à part.* Pendant que nous sommes seuls, tâchons donc de tirer à clair l'affaire de ce matin. (*Haut.*) Ah! ah! tu achètes un remplaçant... Tu épouses la belle Rose, toi?

JULIEN. Ça vous défrise, ça, brigadier?

ROUGET. Moi?.. Oh! j'ai pas plus d'fiel qu'un agneau en nourrice... et du moment que ça fait vot' bonheur à tous deux... A propos, qu'est-ce que tu allais donc faire aujourd'hui de si bonne heure à Quiévrain?

JULIEN. A Quiévrain?

ROUGET. Parbleu! je t'ai bien vu passer sur la chaussée comme tu en revenais.

JULIEN. Eh bien, après?.. quand j'y serais allé, qu'est-ce que ça vous fait?

ROUGET. Des mystères?.. des cachoteries?

JULIEN. Non!.. mais ça ne vous regarde pas.

ROUGET, *avec intention.* Eh! eh!.. mon garçon, qu'est-ce qui sait? peut-être bien que si, ça me regarde.

JULIEN. Vous?.. Et comment?

ROUGET. Suffit!.. je m'entends!

JULIEN. Et moi, je vous préviens que je n'aime pas qu'on se mêle de mes affaires.

ROUGET, *avec ironie.* Oui-dà?

JULIEN. Je déteste les curieux et les espions.

ROUGET. Les espions!.. Ah! mais dis-donc, à la fin, tu le prends sur un ton...

JULIEN. Sur le ton qui me convient... et si ça ne vous plaît pas...

SCÈNE VIII.

LES MÊMES; MOREL, *puis* CATHERINE, ET GEORGETTE.

MOREL, *entrant par le fond.* Eh bien! eh bien! qu'y a-t-il?

ROUGET. Oh! rien... rien... monsieur Morel... une petite explication entre amis.

JULIEN, *à Morel.* Oui, oui, rassurez-vous! Bonjour, père.

MOREL. Bonjour, Julien; bonjour, mon fils.

CATHERINE, *dans la maison.* Georgette!.. dépêche-toi!.. ton père est revenu.

GEORGETTE, *de même.* Oui, grand'mère... je descends!.. je suis à vous!

CATHERINE, *entrant, une écuelle à la main.* Moi, j'apporte la pâtée de Canuche.

MOREL, *à part.* Qu'est-ce que je vas leur dire?

CATHERINE, *regardant de tous côtés.* Eh bien! où est-il donc?.. Je ne le vois pas... (*Appelant.*) Canuche! Canuche! (*A Morel.*) Où est donc le chien?

MOREL. Le chien?.. mais... je ne sais... Est-ce qu'il n'est pas ici?

CATHERINE. Mais non!.. Tu ne l'as donc pas emmené ce matin comme d'habitude?

MOREL. Si fait!.. mais tout à coup il m'a quitté en route... Je ne m'en suis pas inquiété... j'ai cru qu'il était retourné à la maison.

CATHERINE. Ah! mon Dieu! maintenant le voilà perdu!

GEORGETTE, *entrant.* Perdu? qui donc?

CATHERINE. Canuche, que je croyais avec ton père, et qui a disparu.

GEORGETTE. Se perdre!.. lui!.. c'est impossible! Vous ne l'avez pas rencontré, monsieur Rouget?

ROUGET. Je n'ai pas aperçu le bout de sa queue. (*A Julien.*) Il ne t'aurait pas suivi ce matin à Quiévrain?

JULIEN. Moi? du tout!

MOREL, *à Julien.* Tu as été à Quiévrain?

JULIEN. Oui... oui... je vous dirai pourquoi.

CATHERINE. Ah! pauvre bête!.. que je suis contrariée!.. s'il ne devait pas revenir!..

MOREL. Allons, allons, ne vous tourmentez pas, mère!.. ce n'est qu'un chien, après tout.

CATHERINE. Ah! c'est que tu oublies ce que nous lui devons... le service qu'il nous a rendu.

MOREL, *avec émotion.* Non... sans doute... mais...

CATHERINE. Il y a un an, quand cet échafaudage manqua sous tes pieds... quand tu allais rouler dans le gouffre... qui donc a volé à ton secours?.. qui t'arracha à la mort, en se cramponnant à tes vêtements?.. ce fut Canuche... Pour toi, ce n'est qu'un chien, peut-être... mais, pour moi, c'est l'ami tutélaire de not' famille... c'est le sauveur de mon fils.

GEORGETTE. Aussi, ne vous chagrinez pas, grand'maman.

JULIEN. Nous le chercherons, ce bon Canuche.

ROUGET. Vous le ferez tambouriner.

JULIEN. Et il reviendra, soyez-en sûre.

GEORGETTE. Certainement, grand'mère, il reviendra.

CATHERINE. Vous croyez?

ROUGET. Pardine! les chiens, ça revient toujours.

MOREL, *à part.* Pauvre femme!.. ne la détrompons pas! laissons-lui l'espoir. (*Cris en dehors.*) Vive not' doyen! Vive le père Morel!

MOREL. Hein ?.. qu'est-ce que c'est que ça ?

SCÈNE IX.

LES MÊMES, VINCHON, ROSE, MINEURS ET PAYSANNES, *en habits de fête, et avec des bouquets.*

CHŒUR.

Air de *Gastibelza.*

C'est la Saint-Pierre!
Destin prospère,
A notre père,
A notre ami!
Tout l' voisinage
Lui doit c't hommage,
Car d' tout l' village,
Il est chéri.

ROSE ET GEORGETTE.

Offrons-lui tous nos vœux et nos bouquets.

VINCHON.

Puis de bon vin arrosons nos souhaits.

CHŒUR.

C'est la Saint-Pierre, etc.

MOREL. Ah! mes amis!.. mes bons amis!.. Combien je suis touché de vot' empressement!.. une pareille surprise!..

JULIEN. Et ce n'est pas la seule, mon père.

MOREL. Quoi donc encore?..

JULIEN. Ne vous êtes-vous pas dit quelquefois que Rose ferait une bonne petite femme pour votre fils ?

MOREL. Eh bien?

JULIEN. Eh bien! monsieur Vinchon donne son consentement à notre mariage.

LES PAYSANS. Vraiment?..

CATHERINE. Est-il possible?

MOREL. Comment, toi, Vinchon?..

CATHERINE. Le plus gros bonnet du pays!..

MOREL. Toi, si riche!..

VINCHON, *à part.* Est-ce qu'il voudrait me refuser? (*Haut.*) Oh! riche!.. riche!.. pas tant qu'on le croit!.. les colzas ont bien baissé...

GEORGETTE, *à part, souriant.* Ah! bon!..

VINCHON. Enfin, que veux-tu, ces jeunes gens se conviennent, cette union me convient... et si elle te convient aussi...

MOREL. A moi?.. mais c'était mon vœu le plus cher.

VINCHON. Vraiment ?

CATHERINE. Et le mien donc!..

VINCHON, *à part.* Mais, qu'est-ce que me chantait donc cette petite Georgette! (*Haut.*) En ce cas, ce repas préparé pour ta fête, sera aussi celui de leurs fiançailles. (*On apporte la table, et on la place au milieu du théâtre.*)

CATHERINE. Ces chers enfants!.. Ah! voilà un beau jour!.. (*En soupirant.*) Pourquoi faut-il qu'il s'y mêle un regret!.. qu'il manque un ami à la fête!

VINCHON. Qui donc?..

CATHERINE. Notre chien, qui depuis ce matin est égaré.

VINCHON. Ah! bah!

ROSE. Ce pauvre Canuche!

GEORGETTE, *qui pendant ce qui précède était entrée dans la maison, revenant avec un plat.*) Allons, tout est prêt... à table!

TOUS. A table!.. (*On va se placer.*)

REPRISE DU CHŒUR.

GEORGETTE, *à Rouget, qui va aussi pour s'asseoir.*) Eh bien! dites donc, monsieur Rouget!.. mais vous n'êtes pas invité!..

ROUGET. Oh!.. c'est histoire de voir s'il n'y aurait pas de contrebande dans la soupière.

TOUS, *riant.* Ah! ah!

VINCHON. Farceur de brigadier!

ROSE. Mais avec tout ça, c'est vous qui passez en fraude.

MOREL. Bah! serrons-nous un peu... il y a place pour tout le monde. (*On fait une place à Rouget qui se met à table.*)

VINCHON, *riant.* De la contrebande!.. ce gaillard-là en voit partout.

ROUGET. C'est vrai!

VINCHON. Il soupçonnerait les plus honnêtes gens.

ROUGET. A preuve, pas plus tard que tantôt, ne m'est-il pas arrivé de soupçonner Julien.

TOUS. Julien!..

MOREL. Mon garçon!.. Et comment?..

VINCHON, *à Rouget.* Conte-nous donc ça!

ROUGET. Pour lors, ce matin, à cinq heures, j'étais entrain de faire ma ronde à un quart de lieue d'ici, quand il me semble voir une ombre se glisser hors du petit bois. Oh! oh! que je dis, y a du louche! attention, Rouget! c'est peut-être bien tes galons de sergent que tu vas cueillir!.. Je presse le pas, sans faire de bruit, et bientôt je distingue un individu portant un paquet, et se dirigeant vers le village.

VINCHON. Un fraudeur?

ROUGET. Sans le moindre doute; car en m'entendant venir, il se met à détaler, sans demander son reste. Mais je suis jambé comme un lièvre. Je m'élance après lui, je gagne du terrain, et enfin, au coin de cette maison, je me cogne contre un homme, que je saisis au collet, en m'écriant: Au nom de la loi, je t'arrête!

JULIEN. On vous repousse...

ROUGET. En m'appelant imbécile...

JULIEN. Et en regardant mieux...

ROUGET. Je reconnais Julien.

TOUS. Lui!..

ROUGET. Lui-même, qui ouvrait sa porte en ce moment, et que j'avais pincé.

MOREL. Eh bien! et l'autre?

VINCHON. Le fraudeur?

ROUGET. Disparu!.. envolé!.. sans que je sache, ni par où, ni comment!..

TOUS, *riant.* Ah! ah! ah!..

GEORGETTE. En voilà une histoire!..

ROSE. Vous avez du guignon, monsieur Rouget.

JULIEN. Me prendre pour un fraudeur!..

GEORGETTE. Soupçonner mon frère!

ROUGET, *avec intention.* J'ai bien vite reconnu ma boulette!.. je me suis dit : ce garçon a ses motifs pour sortir avant le jour... pour aller faire quéqu' visite à Quiévrain...

ROSE. Comment à Quiévrain! Vous aviez des personnes à voir?

GEORGETTE, *se levant.* Mais regarde moi donc... tu ne vois pas ce joli fichu?

ROSE. Ah!.. comme te voilà belle!

MOREL. En effet... qui donc t'a donné ça?

GEORGETTE. Qui?.. mon frère!..

ROUGET, *qui s'est levé et s'est approché de Georgette.* Du point de Flandre!..

JULIEN. Eh bien!.. après monsieur Rouget... quand il n'y en a pas davantage, on n'est pas un fraudeur pour rapporter ça de Quiévrain?

ROUGET. Non... non... certainement. (*A part.*) J'aurai l'œil sur lui! (*Il retourne à sa place.*)

VINCHON, *à Rouget.* Allons, bois un coup pour oublier ta mésaventure. (*Élevant son verre.*) A la santé du père Morel.

TOUS. A la santé du père Morel!

CATHERINE. A l'heureux mariage de ces chers enfants.

TOUS. A leur mariage!

GEORGETTE. Et maintenant, une chanson.

TOUS. Oui, oui, une chanson!

GEORGETTE. La chanson des mineurs.

JULIEN, *se levant.* Attention!.. je commence.

PREMIER COUPLET.

Air de *la Croix de Marie.*

Le mineur,
Enfant d' la chaumine,
Le mineur
Est rude au labeur.
Écoutez,
Par l'écho de la mine,
Écoutez
Ses cris répétés :

TOUS.

Hisse!

JULIEN.

Il sait remplir un tonneau d' charbon d' terre
Aussi viv'ment que vider un pot d' bière.
Pour ça
Chacun le citera.
Ah! ah! ah! ah!

TOUS.

Ah! ah! ah! ah!

JULIEN.

Toujours preste et bon là,
Le mineur, le voilà!

TOUS, *en chœur.*

Ah!

JULIEN.

DEUXIÈME COUPLET.

Le mineur,
Tout couvert de houille,
Le mineur
Est noir à fair' peur.
Mais l' charbon,
Dont son front s' barbouille,
Le charbon
A quéqu' chos' de bon.

TOUS.

Hisse!

JULIEN, *dont Marguerite qui s'est levée a pris le bras.*

Car à son bras la fillette qui se penche,
Près d' lui, si noir, n'en paraît que plus blanche.
Pour ça,
Coquette, il vous plaira.
Ah! ah! ah! ah!

TOUS.

Ah! ah! ah! ah!

JULIEN.

Et galant, et bon là,
Le mineur, le voilà!

TOUS.

Ah!

MOREL, *se levant.*

TROISIÈME COUPLET.

Le mineur
Sous son chaume adore
L' créateur
Qui lui donn' du cœur.
Il n'a rien;
Mais il trouve encore
Le moyen
De faire un peu d' bien.

TOUS.

Hisse!

MOREL.

Faut-il s'courir un ouvrier malade,
Ou célébrer la fête d'un camarade :
Pour ça
Toujours on l' trouvera.
Ah! ah! ah! ah!

TOUS.

Ah! ah! ah! ah!

MOREL.

Quoique pauvre, il est là!
Le mineur, le voilà!

TOUS.

Ah!

(*Pendant le refrain du dernier couplet, un ouvrier mineur est entré par le fond.*)

L'OUVRIER, *s'avançant.* Pardon, excuse, m'sieu Morel...

MOREL, *se levant.* Tiens, c'est toi, Benoît?

qu'est-ce qui t'amène?.. Est-ce qu'il y a quelque chose de nouveau, là-bas?

L'OUVRIER. Je suis bien fâché de vous déranger; mais le vieux Simon, qui devait être de garde cette nuit, se trouve indisposé, et le gérant de la mine vous a désigné pour le remplacer.

MOREL. Il suffit, mon garçon, je te suis.

CATHERINE. Comment, tu vas déjà nous quitter?

MOREL. Le devoir avant tout, mère. Vite, Georgette, donne-moi ma lanterne.

GEORGETTE. Voilà, mon père, voilà! (*Elle rentre un moment dans la maison. Pendant ce qui précède on a enlevé la table.*)

VINCHON. D'ailleurs, il se fait tard... Faut que chacun rentre chez soi.

ROUGET. Moi, que j'aille rejoindre ma brigade.

JULIEN, *s'approchant de Rose.* A demain, mam'zelle Rose.

ROSE, *lui tendant la main.* A demain, monsieur Julien.

JULIEN, *baissant la voix.* Je vais rêver à vous toute la nuit.

MOREL, *à Georgette, qui lui apporte sa lanterne.* Allons, embrasse-moi, fillette... (*A Catherine.*) Et vous aussi, bonne mère... Et partons!..

TOUS. Bonsoir, père Morel! (*Les mineurs et les paysannes sortent les premiers en reprenant le refrain de la chanson. — Vinchon et Rose sortent ensuite. — Enfin Morel sort à son tour. — Catherine près de la porte le regarde s'éloigner. — Les voix finissent par s'éteindre dans le lointain; Catherine, Georgette et Julien restent seuls en scène. — La nuit est venue.*)

SCÈNE X.

CATHERINE, JULIEN, GEORGETTE.

CATHERINE, *tristement.* Depuis deux ans, c'est la première fois que je le vois partir seul... sans son fidèle gardien.

GEORGETTE. Oui, vous pensez encore à ce pauvre Canuche.

CATHERINE. Ah! mes enfants, quand un chien quitte une maison, c'est mauvais signe... ça présage toujours un malheur.

JULIEN. Un malheur!..

GEORGETTE. Qu'est-ce que c'est que ces idées-là, grand'mère?.. Allons, vous devez être fatiguée... Faut remonter à votre chambre... faut aller vous reposer.

JULIEN. Moi, je reste ici pour fermer la porte. Bonsoir, grand'maman!.. Bonne nuit, Georgette!..

GEORGETTE. Merci!.. (*Souriant.*) Je ne t'en dirai pas autant... Je crois que c'est inutile... (*Elles entrent dans la maison.*)

JULIEN, *seul.* Un malheur!.. Est-ce qu'au contraire toutes les bénédictions du ciel ne semblent pas descendues sur not' chaumière... Quelques jours encore, et Rose sera ma femme... ma femme!.. Ah! que ce nom-là est doux à prononcer... et qui m'eût dit hier que tant de joie, de bonheur m'attendrait aujourd'hui!.. (*Il remonte et s'apprête à fermer la porte du fond. — L'orchestre joue en sourdine l'air du premier acte :* Oua, oua, notre ami, le voilà. — *On entend dans l'éloignement des aboiements qui, peu à peu, deviennent plus distincts.— Julien s'arrête étonné.*) Eh! mais, ces aboiements!.... On dirait..... (*Il écoute; Catherine paraît à la fenêtre du premier étage.*)

CATHERINE. Julien!.. Julien!.. entends-tu?..

JULIEN. Mais oui... oui... grand'mère.

CATHERINE. Il me semble reconnaître...

JULIEN. La voix de Canuche!

CATHERINE. Ah! mon Dieu!.. Est-ce que ce serait lui qui reviendrait à la maison?

JULIEN. Écoutez!.. le bruit se rapproche...

CATHERINE. Plus de doute!.. c'est lui!.. (*Elle quitte la fenêtre.*)

JULIEN. Canuche!.. (*Il ouvre vivement la porte du fond et Canuche que l'on vient de voir accourir par la montagne, se précipite dans la cour et vient tomber sans forces aux pieds de Julien.*) Eh! bien? qu'as-tu donc, mon pauvre Canuche!

CATHERINE, *accourant, suivie de Georgette.* Où est-il?.. où est-il?..

JULIEN. Le voilà, mère!..

CATHERINE. Ah! mon Dieu!.. comme il est essoufflé!.. haletant!..

GEORGETTE. D'où vient-il, comme ça?

CATHERINE. Et qu'est-ce je sens donc là, sur son dos?

JULIEN, *s'approchant.* Un paquet!

CATHERINE. Un paquet!

GEORGETTE. On dirait un ballot de marchandises.

CATHERINE. Que signifie?

SCÈNE XI.

LES MÊMES, ROUGET, *qui a paru et observé sur les derniers mots,* DOUANIERS.

ROUGET, *s'avançant.* Ça signifie, m'ame Catherine, que mes soupçons étaient fondés et que votre petit-fils fait la contrebande.

CATHERINE. Julien!..

GEORGETTE. Mon frère!

JULIEN. Vous osez dire?..

ROUGET, *aux douaniers qui sont entrés avec lui.* Fermez la porte vous autres... (*A Julien.*) Et toi, au nom de la loi je vous arrête! (*En ce moment on voit les deux fraudeurs, Lafouine et*

Renard, paraître derrière la palissade et se montrer ce qui se passe dans la cour.)

ENSEMBLE.

Air de *la Savonnette impériale.*

CATHERINE, GEORGETTE, JULIEN.

O fatale surprise!
Lui Julien } un fraudeur!
Moi Julien }
Hélas! quelle méprise
Vient détruir' not' bonheur!

ROUGET ET LES DOUANIERS.

Pour nous la bonne prise!
Cette fois, par bonheur,
Ce n'est point un' méprise,
Nous tenons le fraudeur.

FIN DU DEUXIÈME ACTE.

ACTE TROISIÈME.

La place du village. A droite la maison de Vinchon; un arbre devant la maison; à gauche, une auberge. Au lever du rideau il fait encore nuit, et le jour n'arrive que vers le milieu de la première scène.

SCÈNE PREMIÈRE.

LAFOUINE, RENARD, *ils arrivent par le fond, marchent avec précaution et en examinant toutes les maisons.*

LAFOUINE. Impossible de me reconnaître. La nuit, les maisons sont comme les chats, elles se ressemblent toutes.

RENARD. Tu dis que c'était une chaumière?

LAFOUINE. Dame... oui, autant que j'ai pu voir; car il faisait à peine jour, comme maintenant... une maison basse, avec un soupirail de cave, au ras de terre.

RENARD. Maladroit!.. plus de mille francs de marchandises!

LAFOUINE. Fallait peut-être mieux me laisser pincer en flagrant délit par cet enragé douanier qui me serrait les côtes? au moins, comme ça, on continue son chemin... comme un particulier qui va déjeuner en ville, en disant: connais pas!..

Air : *Adieu, je vous fuis, bois charmants.*

Avec les douaniers, c'est l' talent
D'éviter tout's les anicroches;
Devant eux, on passe en sifflant :
Rien dans les mains, rien dans les poches!
De la sorte, on est dans son droit.

RENARD.

Mais en j'tant le paquet, confesse
Que d' la cav', pour être plus adroit,
Fallait au moins prendre l'adresse.

Et pour comble de malheur, ce brigand de chien qui nous échappe au passage!

LAFOUINE. C'est ta faute aussi!.. Il était à deux pas de toi; quand au haut de la colline t'as vu qu'au lieu de s'arrêter il faisait un crochet, fallait lui allonger un coup de bâton et l'assommer sur place.

RENARD. Dis donc que c'est ta faute, à toi, d'avoir eu l'invention d'acheter cette vilaine bête.

LAFOUINE. Comment aurais-tu fait pour passer nos marchandises?..

RENARD. J'aurais attendu.

LAFOUINE. Attendre! Est-ce qu'on n'est pas à la recherche de notre dépôt? Si on le trouve, nous sommes ruinés. D'ailleurs, ce chien allait très-bien, en commençant. Est-ce qu'il n'avait pas reconnu tout de suite son ancien métier?.. la route de Quiévrain, et les postes de la douane?.. Est-ce que son premier voyage n'avait pas réussi?..

RENARD. Oui, à preuve qu'après l'avoir déchargé de son paquet, il t'a fallu tout jeter dans une cave!..

LAFOUINE. Mais quand le diable y serait, nous la retrouverons cette satanée cave!..

VINCHON, *dans la maison.* Rose! Rose! ouvre la porte, fifille!

ROSE, *de même.* Oui, papa, je suis en train...

RENARD. Du bruit!.. cavalons-nous! on pourrait nous suspecter...

LAFOUINE. Oui, mais je ne veux pas quitter le pays avant d'avoir retrouvé mon balluchon! *(Ils sortent par le fond à gauche. — La porte de la maison de droite s'ouvre et Rose paraît. — Le jour est tout-à-fait venu.)*

SCÈNE II.

ROSE.

Air : *Sonnez, cloches de mon village.* (A. Maillart.)

Demain, les cloches du village
Sonneront, c'est mon tour enfin,
Sonneront pour mon mariage.
Sonnez, cloch's, sonnez d' grand matin!
Din, din, din, din, din!
Comm' pour une grande fête.
Au bruit du clocher
On vient vous chercher;
On part et, musique en tête,
On va jurer, moment bien doux,
D'être fidèle à son époux!
Sonnez, cloches de not' village,
Oui, sonnez, c'est mon tour enfin.
Célébrez notre mariage.
Sonnez, cloch's, sonnez d' grand matin
Din, din, din, din, din!
De ce jour que l'on envie,
Il faut se hâter

De bien profiter;
Car on dit que dans la vie
Ce beau jour-là ne revient pas.
Pour une fill', ce jour, hélas!
Ce beau jour ne revient pas.
Sonnez, cloches de mon village,
Oui, sonnez, c'est mon tour enfin.
Célébrez notre mariage,
Sonnez, cloch's, sonnez d' grand matin!
Din, din, din, din, din!

(*A la fin de l'air, Rose remonte et regarde à la cantonade.*)

SCÈNE III.

ROSE, VINCHON.

VINCHON, *sortant de chez lui.* Rose!.. où es-tu donc?.. (*L'apercevant.*) Qu'est-ce qu'elle fait là?

ROSE, *à elle-même.* C'est drôle!.. il ne paraît pas encore...

VINCHON, *à part.* Qui donc?..

ROSE, *à elle-même.* Je trouve qu'il est en retard, aujourd'hui.

VINCHON, *à part.* En retard?.. Serait-ce le soleil?

ROSE. S'il commence déjà à faire le mari!..

VINCHON, *haut.* Le mari!..

ROSE. Ah!..

VINCHON, *à part.* J'étais assez naïf pour croire... (*Haut.*) Ah! je vous y prends, mam'selle la matinale!..

ROSE, *embarrassée.* Papa, c'est son chemin pour aller à son ouvrage... et comme il ne manquait jamais, en passant, de me demander de vos nouvelles...

VINCHON, *souriant.* De mes nouvelles, à moi?..

ROSE. Des miennes aussi...

VINCHON. Par la même occasion!

ROSE. Après ce que vous avez été assez bon pour lui dire hier, je croyais bien que, ce matin, il serait encore plus empressé que d'habitude...

VINCHON. A venir s'informer de ma santé?

ROSE. C'est ça!..

VINCHON, *gaiement.* Allons, allons, petite fille, vous feriez bien mieux de vous occuper du ménage, et avant tout de remplir vos devoirs.... (*Tendant les joues.*) Embrassez votre père... et votre maire!.. (*On entend un bruit de voix en dehors.*) Tiens, je parie que voilà déjà tes bonnes amies qui viennent te féliciter, t'apporter les bouquets de circonstance.

ROSE, *allant regarder.* Mais, non... C'est la mère Catherine et Georgette... on les entoure... on les questionne... Qu'est-ce qu'il y a donc?

SCÈNE IV.

LES MÊMES, CATHERINE, GEORGETTE, *accourant tout émues.*

CATHERINE. Ah! monsieur le maire...

GEORGETTE. Ah! mon parrain...

VINCHON. Eh bien!.. eh bien, qu'avez-vous? Pourquoi cet air effaré?

ROSE. Qu'y a-t-il?

CATHERINE. Il y a... il y a que nous vous demandons justice.

VINCHON. Justice!.. et de quoi?

ROSE. Que vous a-t-on fait?

GEORGETTE. C'est une horreur!

CATHERINE. Une indignité!

GEORGETTE. Arrêter mon frère!

ROSE. O ciel!.. que dis-tu?

VINCHON. Lui! Julien!.. arrêté?

ROSE. Et pour quel motif?

GEORGETTE. Pour une action dont il est innocent.

CATHERINE. Oui... oui... j'en réponds. Le brave garçon est incapable...

VINCHON. Mais enfin?..

ROSE. Parlez! expliquez-vous!.. De quoi l'accuse-t-on?

GEORGETTE. D'avoir fait la fraude.

ROSE. La fraude?

VINCHON. Comment!.. encore!

CATHERINE. Depuis hier soir les douaniers sont chez nous... fouillant partout... mettant tout sens dessus dessous dans la maison.

GEORGETTE. Et l'on parle d'envoyer Julien à Valenciennes...

CATHERINE. De le mettre en prison.

ROSE. En prison!..

VINCHON. Mon futur gendre en prison!

ROSE. Pauvre Julien!.. Et moi qui lui en voulais de son absence!

GEORGETTE, *à Vinchon.* Mais vous ne permettrez pas ça, mon parrain.

VINCHON. Non... non... certainement.

CATHERINE. Vous nous le rendrez.

VINCHON. Sans doute... calmez-vous!.. ça ne peut-être qu'une erreur... une nouvelle bévue de cet animal de Rouget...

SCÈNE V.

LES MÊMES, ROUGET.

ROUGET. Pardon, monsieur le maire...

LES TROIS FEMMES. C'est lui!

VINCHON. Ah! vous v'là, brigadier?.. qu'est-ce qu'on vient de me dire... que vous aviez fait arrêter Julien?

ROUGET, *d'un air hypocrite.* Dame! monsieur le maire, je suis désolé de ce qui arrive, pour vous, pour mam'selle Rose... dont ça va nécessairement retarder l' bonheur... mais si pénible qu'il soye, j'ai dû faire mon devoir... dresser procès-verbal du fait.

VINCHON. Du fait!.. et lequel?

ROUGET. Vous allez le savoir, monsieur le maire... écouter les dépositions... interroger le délinquant... car enfin, ce garçon, faut pas le condamner sans l'entendre.

GEORGETTE. Comment donc! mais certainement que mon parrain l'entendra.

CATHERINE. Et il se justifiera, soyez-en sûr.

ROSE. Il confondra ceux qui l'accusent.

ROUGET. Je le souhaite, Mam'selle (*A part.*) Tâche!

VINCHON. Je veux le voir, l'interroger.

ROUGET. Hier, vu l'heure, je me suis contenté de le faire garder à vue... mais je viens de donner l'ordre de l'amener devant vous... Et tenez, le voici.

SCÈNE VI.

LES MÊMES, JULIEN, *conduit entre deux douaniers, et suivi par les gens du village.*

ENSEMBLE.

Air de *la Lectrice.*

GEORGETTE, ROSE, CATHERINE, ET LE CHŒUR.

O sort déplorable!
Qui, lui, sous mes yeux,
Lui, comme un coupable,
Conduit en ces lieux!

JULIEN.

O sort déplorable!
Qui, moi sous leurs yeux,
Moi, comme un coupable,
Conduit en ces lieux!

VINCHON, *à part.*

Le trouver coupable,
Ce serait affreux!
Soyons équitable
Sans être rigoureux!

ROUGET, *à part.*

Le sort favorable
Vient combler mes vœux!
Soyons équitable,
Mais point généreux!

JULIEN, *aux douaniers qui font un mouvement pour l'empêcher d'avancer.* Eh! soyez tranquilles!.. je n'ai pas envie de m'échapper!

ROSE, *s'approchant de lui.* Monsieur Julien!

GEORGETTE, *de même.* Mon frère!

CATHERINE. Mon pauvre enfant!..

JULIEN. Allons, allons, rassurez-vous mam'selle, ne pleurez pas ainsi, mère Catherine... Tout va s'expliquer... on va reconnaître mon innocence.

ROUGET. Mon Dieu, je ne demande que ça, moi.

VINCHON. Enfin, voyons, qu'est-il arrivé?.. déposez, brigadier, déposez!

ROUGET. V'là la chose en deux mots, monsieur le maire. Vous savez bien leur chien Canuche qu'ils disaient égaré.

VINCHON. Oui... eh bien?

ROUGET. Eh bien, hier soir, quelques instants après vot' départ, il est revenu... et j'ai surpris, avec douleur, Julien chez lui, dans sa cour, lui détachant de dessus le dos une cargaison de dentelles prohibées que voilà. (*Il montre le ballot que tient un des douaniers.*)

LES PAYSANS. Des dentelles!

ROSE. Est-il possible!

VINCHON. Diable!.. diable!.. c'est grave.

ROSE. Comment, mon père, vous pourriez croire?..

VINCHON, *avec importance.* Fille Vinchon, n'influencez pas l'autorité. (*A Julien.*) Et vous, inculpé, comment expliquez-vous le fait articulé par le brigadier ci-présent?

JULIEN, *simplement.* Monsieur le maire, je ne puis l'expliquer. J'ai entendu aboyer mon chien, je lui ai ouvert, heureux de le retrouver, de le rendre à ma mère qui le regrettait. Maintenant comment était-il porteur de ces marchandises? Je n'en sais rien. Tout ce que je puis dire c'est que je suis innocent.

GEORGETTE, *à Rouget.* Eh bien?

ROSE, *de même.* Eh bien?

CATHERINE. Vous entendez, monsieur Rouget!

VINCHON, *à Rouget.* Le jeune homme affirme qu'il est innocent.

ROUGET. Tant mieux!.. Tout ce que je demande, moi, c'est qu'il le prouve.

VINCHON, *à Julien.* Le brigadier a raison, faudrait le prouver.

JULIEN. Eh! quelle preuve voulez-vous que je donne?

GEORGETTE. Puisqu'il ne sait rien.

ROSE, Puisqu'il ignore comment c'est arrivé.

VINCHON, *à Rouget.* C'est juste, au fait! Puisqu'il ne sait rien... puis qu'il ignore comment c'est arrivé, quelle preuve voulez-vous?..

ROUGET. Alors, je suis forcé de maintenir ce que j'ai vu.

VINCHON, *à Rose, et Georgette.* Ah! il a vu.

ROUGET. Et le devoir de monsieur le maire est de le constater.

VINCHON. C'est vrai!.. c'est malheureusement vrai... il faut que je constate.

JULIEN. Eh quoi! vous me croyez coupable?..

CATHERINE. Allons donc, monsieur le maire!.. Est-ce qu'une pareille accusation ne tombe pas d'elle-même?.. Si mon petit-fils faisait le vilain métier qu'on lui suppose, nous ne serions pas si pauvres.

TOUS LES PAYSANS. C'est vrai!.. c'est vrai!..

VINCHON, *à Rouget*. Au fait, dites donc... ils ne seraient pas si pauvres.

ROUGET. Oh!.. pauvres!.. pas déjà tant!.. quand on s'achète un remplaçant.

GEORGETTE, *vivement*. Ah! quant à ça, monsieur Rouget, un mot peut le justifier.

ROSE. C'est le travail de son père...

GEORGETTE. Celui de Rose et le mien qui lui ont donné le moyen de se libérer.

CATHERINE. Oui, oui, je l'atteste.

VINCHON. Oh! alors, c'est une autre affaire.

ROSE. Nous avons donné pour ça quatre cents francs.

GEORGETTE. Tout ce que nous possédions.

ROUGET. Quatre cents francs?.. Le remplaçant a été payé six cents.

ROSE ET GEORGETTE. Comment?..

ROUGET, *montrant un papier*. V'là le reçu du marchand d'hommes... que j'ai trouvé en faisant perquisition chez vous, comme c'était mon droit et mon devoir.

GEORGETTE. Six cents francs!

ROSE. Que signifie?..

VINCHON, *prenant le papier*. C'est vrai!.. V'là le reçu.

ROUGET, *à Vinchon*.

Air : *J'ai vu le Parnasse des dames*.

Bref, le fait jusqu'à l'évidence
Est prouvé...

VINCHON.

Je ne dis pas non.

GEORGETTE.

Il faut s' défier de l'apparence.

VINCHON

Tu pourrais bien avoir raison.

ROUGET.

Aussi, vous allez, je m'en flatte,
Sans délai constater le cas.

VINCHON, *à part*.

De tout c' qu'il faut que je constate,
Je n' constat' que mon embarras!
Le plus clair, c'est mon embarras!..

SCÈNE VII.

LES MÊMES, MOREL, *entrant précipitamment*.

MOREL. Qu'est-ce qu'on me dit?.. Qu'est-ce que je viens d'apprendre?.. Comment, mon fils accusé d'avoir fait la fraude?

JULIEN. Oui, mon père, on m'accuse...

MOREL. Accusé, lui!.. Et ça, parce que notre chien est revenu? Je comprends bien que le pauvre garçon ne puisse pas vous répondre... car il ne sait rien de ce qui s'est passé... (*A Vinchon.*) mais moi, je vais tout te dire.

VINCHON, *choqué*. Comment, *te?* Permettez, sieur Morel, je fonctionne.

MOREL. Rien de ce qui arrive n'aurait eu lieu si je n'avais pas craint d'affliger ma bonne mère en lui avouant ce que le désir de lui conserver son enfant m'avait forcé de faire.

CATHERINE. Quoi donc, mon Dieu!..

JULIEN. Parlez, mon père!

VINCHON, *avec importance*. Parlez, sieur Morel.

MOREL. Les quatre cents francs amassés par tant de veilles... et toute notre espérance, ne suffisaient pas pour faire remplacer Julien... Il fallait le voir partir ou en trouver deux cents autres... Cette somme, comment l'avoir?.. Une seule ressource m'était offerte... au prix d'un sacrifice... bien cruel, je l'avoue... (*A Catherine.*) Mais je pensai à votre chagrin, à vos larmes, si vous perdiez vot' petit-fils... j'entendis la prière que vous adressiez au ciel... et je n'hésitai plus... J'ai vendu mon chein.

JULIEN. Vendu!..

CATHERINE, Not' chien?..

GEORGETTE. Canuche?

CATHERINE. Comment, toi!.. il serait possible!..

VINCHON *à Rouget*. Ah! dame!.. puisqu'il l'a vendu...

ROUGET. Deux cents francs?.. un chien?.. nom d'un chien! c'est salé!

VINCHON. Le fait est que c'est un peu cher.

ROUGET. Il paraît qu'il y a de la hausse sur les quadrupèdes.

VINCHON. Comme sur les colzas.

ROUGET, *à Morel*. Et avec qui donc que vous avez fait ce beau marché-là?

MOREL. Avec deux hommes qui se disaient colporteurs et qui, pendant le tirage au sort, étaient entrés dans not' chaumière pour s'abriter contre l'orage. (*Pendant ces derniers mots, Lafouine et Renard, déguisés, et portant des perruques et de faux favoris, viennent s'asseoir silencieusement à la table qui est devant l'auberge, et se font servir à boire.*)

ROUGET. Deux hommes?.. savez-vous leurs noms?

MOREL. Je n'ai pas songé à le leur demander.

ROUGET. Mais, au moins, vous pouvez donner leur signalement à monsieur le maire? (*Au mot de signalement, Renard fait un mouvement pour se lever; Lafouine le fait rasseoir.*)

MOREL. Mon Dieu, je ne les ai vus qu'une fois; c'étaient des hommes dans la force de l'âge... L'un grand, brun.., assez mince... l'autre petit et blond. (*Lafouine et Renard, sous leurs nouveaux costumes, offrent juste le contraire de ce signalement.*)

ROUGET, *d'un air goguenard, et se tournant vers les paysans.*) Est-ce que vous avez vu ça, vous autres ?

LES PAYSANS, Dame !.. non !..

ROUGET, *à Vinchon.* Vous l'entendez !.. une histoire pour justifier le jeune homme.

MOREL. Comment?.. vous supposeriez ?..

ROUGET. Et puis d'ailleurs, qu'est-ce ça prouve tout ça?

MOREL. Ce que ça prouve?.. Mais ces hommes, ces inconnus ne peuvent-ils pas m'avoir trompé?.. qui sait si ce ne sont pas des fraudeurs?

TOUS. Des fraudeurs?.. (*Renard, qui buvait, avale de travers : Lafouine lui lance un coup de pied pour le faire taire.*)

GEORGETTE. Mais oui, papa a raison... des fraudeurs qui auraient emmené not' chien à la frontière.

ROUGET. A moins que ça ne soit Julien qui n' leur z'y ait conduit.

JULIEN. Moi?..

TOUS, *murmurant.* Ah !..

ROUGET. Dame ! ce voyage si matinal, hier, à Quiévrain.

GEORGETTE. Mais vous savez bien que c'était pour me faire un présent.

ROUGET. Faire six lieues, rien que pour rapporter un chiffon à sa sœur... Les frères ne sont pas si galants d'habitude... Et puis, cet homme que je poursuis dans l'ombre... (*Renard pousse Lafouine.*) et qui disparaît juste où Monsieur ouvre sa porte... Merci !.. ça n'est pas des preuves !.. comment donc qu'il vous les faut?

GEORGETTE. Ah! monsieur Rouget, c'est mal, c'est bien mal de charger ainsi mon frère...

ROSE. C'est parce que je vous l'ai préféré, n'est-ce pas?..

VINCHON. Ma fille!

ROUGET. Moi !.. oh ! ne croyez pas ça, mam'selle. Je dis ce que je sais, v'là tout.

VINCHON. C'est clair !.. c't' homme, il dit ce qu'il sait !..

MOREL, *se tournant vers Vinchon.*

Air : *J'en guette un petit de mon âge.*

Quoi! se peut-il! un scrupule vous reste?
Le soupçonner, lui, l'enfant du pays!
Et quand ici, c'est moi qui vous l'atteste,
Douter encor d' l'innocenc' de mon fils!
Si, sur son compte, on a pu se méprendre,
S'il est atteint par la fatalité,
(*Prenant Catherine par la main.*)
Nos quarante ans d'honneur et d' probité
Devraient suffir' pour le défendre.

PREMIER PAYSAN. Eh ! oui, c'est des honnêtes gens!

DEUXIÈME PAYSAN. Il n'y a pas de preuves !

TOUS. Non ! non !.. il n'y a pas d' preuves!

VINCHON. Eh ! mais, mon Dieu, v'là ce que je dis depuis une heure... il n'y a pas d' preuves!

TOUS. Vive monsieur le maire !

ROUGET. C'est bon !.. c'est bon !.. puisque tout le monde est contre moi... (*S'adressant aux douaniers.*) Allez dire aux camarades qui sont restés dans la maison qu'ils peuvent cesser leurs recherches.

TOUS. Ah ! quel bonheur !

UN DOUANIER, *accourant.* Brigadier !.. eh ! brigadier !

ROUGET. Eh bien ! Pichaud, qu'est-ce qu'il y a?

LE DOUANIER. En v'là ben d'une autre !.. Regardez ce que nous venons de trouver dans la cave des Morel. (*Il montre un gros ballot.*)

ROUGET. Un ballot de contrebande !

RENARD, *bas à Lafouine.* Le nôtre !

LAFOUINE, *bas.* Tais-toi !

MOREL. Comment?.. que dites-vous?.. dans notre cave?..

ROUGET, *montrant le ballot.* Trouvez-vous cette preuve-là assez grosse?..

JULIEN, *à part.* Ah ! mon Dieu, est-ce que mon père, pour me racheter?..

VINCHON. De la contrebande !.. chez eux !.. chez les Morel !..

MOREL, *accablé.* Ah ! c'est trop de malheur !

ROUGET. Vous comprenez, monsieur le maire, que ça ne peut pas y être venu tout seul... et si le fils n'y est pour rien, il faut que ce soit...

JULIEN, *vivement.* Arrêtez !.. n'accusez personne !.. Je suis le seul coupable.

ENSEMBLE.

Air : *Finale de Fra-Diavolo.*

MOREL, ROSE, GEORGETTE, CATHERINE, VINCHON, ET LES PAYSANS.

Lui ! coupable ! ô surprise extrême !
Qu'a-t-il dit! et qu'ai-je entendu !
C'en est fait, hélas ! et lui-même
Par c't aveu, s'est ici perdu !

ROUGET, *à part.*

Ah ! pour moi, quel plaisir extrême !
A mon cœur l'espoir est rendu.
Je triomphe enfin !.. et lui-même
Par c't aveu, s'est ici perdu !

JULIEN, *à part.*

Ah! pour moi quell' douleur extrême !
Cet aveu, de tous entendu,
Me ravit l'espoir !.. Et moi-même
A jamais je me suis perdu!

GEORGETTE, *à Julien.*

Qu'a-t-il fait !..

CATHERINE.

Ah ! pour nous quelle douleur amère !

JULIEN, *à part.*

Du moins, en me perdant, j'aurai sauvé mon père !

ROUGET, *à Vinchon.*

Il n' rest' plus qu'à signer l' présent procès-verbal.

VINCHON, *le prenant.*

C'est bien! suivez-moi tous!

ROUGET, *à part.*

Enfoncé mon rival!

ROSE, *à part.*

Il n'est plus d'espérance!

VINCHON.

Pour vous plus d'alliance,
Après ce déshonneur...

JULIEN, *à part.*

Ah! malgré ma souffrance,
Laissons-lui son erreur!

REPRISE ENSEMBLE.

Lui, coupable, ô surprise extrême! etc.
Ah! pour moi quel plaisir extrême, etc.
Ah! pour moi quell' douleur extrême! etc.

(*On entre chez Vinchon; les douaniers s'apprêtent à entrer aussi, mais Rouget les arrête.*)

SCÈNE VIII.

ROUGET, LES DOUANIERS, LAFOUINE ET RENARD.

ROUGET, *qui a parlé bas à un douanier.* Tu m'as compris, Pichaud?

LE DOUANIER, Oui, brigadier. (*Il sort.*)

RENARD, *bas, à Lafouine.* Quel peut être son projet?

LAFOUINE, *bas.* Tâchons de le savoir. (*Haut et s'approchant de Rouget en lui tendant la main.*) Brigadier, permettez que vous la serre.

RENARD, *de l'autre côté.* Brigadier, permettez que nous vous la serrions.

ROUGET, *étonné.* C'est à moi que vous parlez?

RENARD. A vous.

LAFOUINE. Nous étions là, mon ami et moi, en train de nous rafraîchir...

RENARD. Et nous avons tout entendu.

LAFOUINE, Et si j'étais le Gouvernement, vous auriez bientôt les galons de sergent.

RENARD. Mieux que ça!

ROUGET, *se rengorgeant.* Heiu!.. comme je vous ai empaumé ce gaillard-là!

LAFOUINE. Superbe!

RENARD. Admirable!

LAFOUINE. Ah! si tous vos camarades faisaient comme vous, nous n'aurions pas tant à souffrir, nous autres pauvres marchands de produits indigènes; car ces coquins-là nous font une rude concurrence... aussi, plus vous pourrez en attraper...

RENARD. Plus nous serons contents.

ROUGET. Eh bien! soyez tranquilles, je leur mitonne un tour de ma façon.

LAFOUINE, *se frottant les mains.* Ah!.. ah!.. ne les ménagez pas, mon brave brigadier, ne le ménagez pas!

ROUGET. Fiez-vous à moi.

LAFOUINE. Ils sont bien malins!

ROUGET. On l'est autant qu'eux. Il est sûr et certain qu'il y a dans les environs un dépôt de marchandises, et je parie qu'avant ce soir nous aurons mis la main dessus, grâce à cet animal que je confisque à notre profit. (*Il montre Canuche que le douanier amène en laisse.*)

RENARD, *frappant sur l'épaule de Rouget.* Belle bête!

ROUGET. Tout le trésor pincé d'un coup de filet, quel bonheur pour la brigade!..

LAFOUINE. Ce serait fameux!

ROUGET. Attache le chien, Pichaud. (*Le douanier attache le chien à l'arbre.*)

RENARD, *bas, à Lafouine.* Qu'est-ce qu'il veut donc en faire?

LAFOUINE, *bas.* Tais-toi donc!..(*Haut.*) Ah! par exemple, je serais curieux de savoir comment, avec un simple chien...

ROUGET. C'est un vieux de la vieille qui m'a enseigné le truc. Tenez, voilà comment que ça se joue. Vous savez qu'il y a plusieurs lignes de douanes?

LAFOUINE. Pardine!

ROUGET. La première n'est pas toujours la plus difficile à franchir. Aussi, quand les fraudeurs ont réussi à la passer, ils cachent ordinairement leurs marchandises dans quelque maison ignorée, où l'on amène les chiens dressés à la chose, et où l'on a soin de leur distribuer pour toute pitance des coups de bâton... à discrétion.

LAFOUINE. Tiens, tiens, tiens!

ROUGET. Aussi, dès qu'ils ont leur paquet sur le dos et qu'ils se sentent libres, crac!.. Ils prennent leur course et ils se sauvent dans la maison de leur maître où ils sont sûrs d'être caressés, choyés et engraissés comme des chapons!

LAFOUINE. Voyez-vous la malice?

ROUGET, *se rengorgeant.* Oui, c'est assez ingénieux!.. Donc, je prends le susdit animal en laisse; je le conduis à l'entour de toutes les baraques, maisons ou chaumières des environs et celle dont il ne veut pas approcher... vingt francs à gobloter que c'est la bonne!

LAFOUINE. Cristie!.. c'est joliment inventé!

ROUGET, *aux douaniers.* Là-dessus, camarades, j'entre signer mon procès-verbal. (*A Pichaud.*) Toi, va prévenir la gendarmerie afin de conduire Julien à Valenciennes... et retrouvons-nous au petit pont dans un quart d'heure. Je me charge d'amener le chien.

LE DOUANIER. C'est dit!

LAFOUINE. Saperlotte! Je voudrais bien être là pour voir la mine que feront les fraudeurs... Ah! ah! ah!..

ROUGET, *riant aux éclats.* Ah! ah! ah! quelle bonne farce!

LAFOUINE. Excellente!.. excellente, mon ancien!

Air du *Roman comique*.

Des douaniers de ma connaissance
Vous êt's le plus intelligent,

ROUGET.

Dès ce soir, j'en ai l'assurance,
Oui, dès ce soir, je suis sergent!

ENSEMBLE.

Vite!.. amis à la maraude!
Poursuivons-/Poursuivez-les, et point d' quartier!
Guerre à mort à la fraude!
C'est le refrain du douanier.

(*Rouget entre chez Vinchon avec les douaniers; Pichaud s'éloigne par le fond; les deux fraudeurs restent seuls.*)

SCÈNE IX.

LAFOUINE, RENARD, CANUCHE, *attaché*.

(*Ils se regardent un moment en silence, puis ils se rapprochent.*)

LAFOUINE. Hein?.. qu'est-ce que tu dis de ça?

RENARD. Je dis que nous sommes mordus!

LAFOUINE. Oui, s'ils emmènent le chien.., mais ils ne l'emmèneront pas vivant!

RENARD. Je te comprends!.. (*Il lève son bâton sur le chien. Lafouine l'arrête par le bras.*)

LAFOUINE. Imbécile!.. ici?.. pour que le moindre bruit nous trahisse!

RENARD. C'est vrai.

LAFOUINE. Le canal coule derrière ces maisons... l'eau est profonde... une bonne pierre au cou et l'affaire est faite!

RENARD. Compris!

LAFOUINE, *tirant une corde de sa poche*. Avant tout, assurons-nous de son silence. Fais le guet. (*Pendant que Renard regarde de tous côtés, Lafouine qui a préparé un nœud coulant s'avance, avec précaution, derrière le chien qu'il muselle tout à coup.*)

LAFOUINE, *écoutant à la porte de Vinchon*. On vient!.. détallons! (*Ils sortent en entraînant le chien.*)

SCÈNE X.

MOREL, GEORGETTE, CATHERINE, JULIEN, ROSE, LES DOUANIERS.

(*Sur la ritournelle de l'air suivant, Morel entre le premier; il vient s'asseoir tristement à l'avant-scène et laisse tomber sa tête dans ses mains. Catherine suit Morel en pleurant et en s'appuyant sur Georgette qui cherche à la consoler. Julien entre ensuite suivi par les deux douaniers; puis enfin Rose paraît la dernière.*)

CATHERINE.

Air : *Loin du pays*. (Maillart.)

Plus de repos, plus de bonheur
Dans notre humble chaumière!
Mon pauvre enfant!

GEORGETTE.

Mon pauvre frère!

MOREL, *à part*.

Pour nous quel déshonneur!

JULIEN, *s'approchant de Rose*.

Il faut, douleur amère,
Renoncer à votre cœur!
Je vous le rends! (*Bis.*) Oubliez-moi, Mam'selle,
Quand je vous perds et sans retour
Mon cœur, à moi sera fidèle
A son amour!

ROSE. Monsieur Julien, mon père vous a repris ma main, mon devoir est d'obéir; mais je vous ai donné mon cœur, et jamais personne ne pourra vous le reprendre.

JULIEN. Oh! Mam'zelle, que le ciel vous bénisse pour cette bonne parole!

UN DOUANIER, *s'approchant*. Monsieur Julien, nous vous attendons...

MOREL, *s'avançant*. Un moment... je vous en prie! (*Le douanier se retire; Morel prend la main de Julien, avec émotion.*) Julien!.. tu es innocent, j'en suis sûr! Il y a là quelque chose qui me le dit. Pourquoi donc as-tu fait cet aveu qui est un mensonge?

JULIEN. Ne me le demandez pas, mon père.

MOREL. Oh! je le devine maintenant. Julien, tu as voulu me sauver, car tu m'as cru coupable, avoue-le.

JULIEN, *avec effort*. Eh bien!.. oui, mon père, oui, c'est vrai!

MOREL. Me soupçonner d'une action déshonorante!

JULIEN, *lui serrant les mains avec tendresse*. Ah!.. pardonnez-moi d'avoir eu cette mauvaise pensée. Maintenant que je suis sûr de votre innocence, comme de la mienne, je vais partir sans regrets, me présenter devant mes juges avec confiance. La fatalité nous accuse; mais il y a quelque chose de plus fort qu'elle; il y a Dieu qui ne nous ôtera pas notre bien le plus cher, notre unique fortune, celle que vous avez amassée par quarante ans d'une vie irréprochable, le nom que l'on nous donne à tous, Morel les honnêtes gens!

MOREL. C'est bien, Julien, c'est bien; je suis content de toi. Va devant tes juges, va rétracter des paroles que le dévouement t'avait dictées, mais que la vérité condamne. Je te suivrai; on nous entendra tous les deux! Et si la conscience des hommes se trompe, la nôtre restera pure de toute tache, et c'est elle qui nous consolera! Embrasse ta mère et partons. (*Julien s'approche de Catherine pour lui faire ses adieux.*)

SCÈNE XI.

LES MÊMES, VINCHON, ROUGET.

(*Vinchon entre les bras croisés, la tête basse, il tient un papier à la main, et s'avance vers le public d'un air sombre.*)

VINCHON. Quand le devoir parle, le père et l'ami doivent garder le silence. Mais sapristi!.. quelle journée!

ROUGET. Monsieur Vinchon, j'attends mon procès-verbal.

VINCHON, *le lui donnant.* Le voilà, brigadier!

ROUGET, *le mettant en poche.* En voilà un qui me fera de l'honneur!

VINCHON. Prenez aussi cette lettre!..

ROUGET. Cette lettre?..

VINCHON, *tristement.* Je ne ferais jamais assez de bien pour me consoler des larmes que je vois répandre autour de moi... je donne ma démission. La France s'arrangera comme elle pourra!

ROUGET, *aux douaniers.* En route, vous autres!.. moi, j'ai une expédition à faire avec le chien, et je cours... Eh bien!.. eh bien!.. où est-il donc?.. disparu!.. envolé!.. (*Avec colère.*) Ah! mille carabines!.. si c'est vous qui m'avez joué ce tour-là... (*On entend un coup de feu.*) Qu'est-ce que c'est que ça?

CRIS AU DEHORS. Arrêtez-les!.. arretez-les!

ROUGET, *remontant.* Des hommes qu'on poursuit!

SCÈNE XII.

LES MÊMES, RENARD, *puis* LAFOUINE, CANUCHE, PAYSANS, DOUANIERS.

(*Renard entre en scène le premier, poursuivi par des paysans. Rouget lui met la main sur le collet, il laisse tomber un pistolet déchargé.*)

ROUGET. Doucement, camarade, sur qui donc avez-vous tiré?

RENARD. Eh parbleu! sur votre brigand de chien qui voulait nous mordre.

PREMIER PAYSAN. Et que vous vouliez noyer, vous.

MOREL. Noyer Canuche!

LAFOUINE, *en dehors.* Veux-tu me lâcher... veux-tu me lâcher! (*Lafouine entre en se sauvant, mais Canuche le tient par son habit auquel il se cramponne. — Les douaniers et les autres paysans entrent à la suite de Lafouine.*)

ROUGET. Eh! mais... ce sont nos marchands de tout à l'heure!

MOREL. Ici, Canuche! ici! (*Lafouine fait un effort pour se dégager, mais le mouvement fait dérouler une pièce de toile, qu'il avait roulée autour du corps et dont Canuche tient une extrémité. — Étonnement général.*)

ROUGET, *se précipitant sur Lafouine.* Mazette!.. de la mousseline! Monsieur était doublé de mousseline prohibée!.. (*Il lui enlève son chapeau, il en tombe des pièces de dentelles.*) Et il portait une perruque de dentelle!.. (*On fouille également Renard, que l'on trouve chargé d'objets de contrebande; dans le mouvement on leur enlève leurs perruques, leurs favoris.*)

MOREL. Ah! regardez... regardez!.. ce sont eux!.. oui, je les reconnais! voilà les hommes à qui j'ai vendu mon chien!

TOUS. Des fraudeurs! c'étaient des fraudeurs! (*Les douaniers les arrêtent et les emmènent.*)

ENSEMBLE.

Air des *Puritains.*

Amis, la Providence
Ici proclame l'innocence
Et nous rend l'espérance!
Pour notre cœur
Plus de douleur!

VINCHON.

Contre eux, sans m' récuser,
Je vais verbaliser!

LAFOUINE.

Mon chien d' contrebandier
N'était qu'un chien d' douanier!

CATHERINE.

Mon enfant m'est rendu.

MOREL ET GEORGETTE.

Bonheur inattendu!

ROSE, *à Rouget, en montrant Julien.*

Il sera mon époux.

ROUGET.

J'en suis fâché pour vous!

TOUS.

Amis, la Providence
Ici proclame l'innocence
Et nous rend l'espérance!
Pour notre cœur
Plus de douleur!

GEORGETTE, *au public.*

Air du *Chien.* (Du premier acte.)

Si le chien de la chaumière,
S'l'on vous a fait son devoir,

ROSE.

Par un' caresse dernière
Daignez lui dire : au revoir!

GEORGETTE.

Quoique bon et très-fidèle,
En sifflant quand on l'appelle,
Il n' vient pas, j' vous en prévien...

ENSEMBLE.

Ah! le bon chien!..
Notre ami, le voilà!
(*Faisant le signe d'applaudir.*)
Il n'aime que ce bruit-là!

FIN.

LAGNY. — IMPRIMERIE DE VIALAT ET Cie.

EN VENTE CHEZ LE MÊME ÉDITEUR :

- L'Aïeule. 75
- Un Monstre de Femme. 60
- La Jeunesse de Charles-Quint. 60
- Le Vicomte de Létorières. 60
- Les Fées de Paris. 60
- Pour mon fils. 60
- Lucienne. 60
- Les jolies Filles de Stilberg. 60
- L'Enfant de Chœur. 60
- Le Grand Palatin. 60
- La Tante mal gardée. 60
- Les Circonstances atténuantes. 60
- La Chasse aux Vautours. 60
- Les Batignollaises. 60
- Une Femme sous les Scellés. 60
- Les Aides de Camp. 60
- Le Mari à l'essai. 60
- Chez un Garçon. 60
- Jaket's-Club. 60
- Mérovée. 60
- Les deux Couronnes. 60
- Au Croissant d'Argent. 60
- Le Château de la Roche-Noire. 60
- Mon illustre ami. 60
- Talma en congé. 60
- L'Omelette Fantastique. 60
- La Dragonne. 60
- La Sœur de la Reine. 60
- La Vendetta. 60
- Le Poële. 60
- Les Informations Conjugales. 60
- Le Loup dans la Bergerie. 60
- L'Hôtel de Rambouillet. 60
- Les deux Impératrices. 60
- La Caisse d'Épargne. 60
- Thomas le Rageur. 60
- Derrière l'Alcôve. 60
- La Villa Duflot. 60
- Péroline. 60
- La Femme à la Mode. 60
- Les égarements d'une Canne et d'un Parapluie. 60
- Les deux Anes. 60
- Foliquet, coiffeur de Dames. 60
- L'Anneau d'Argent. 60
- Recette contre l'Embonpoint. 60
- Don Pascale. 60
- Mademoiselle Déjazet au Sérail. 60
- Touboulic le Cruel. 60
- Hermance. 60
- Les Canuts. 60
- Entre Ciel et Terre. 60
- La Fille de Figaro. 60
- Métier et Quenouille. 60
- Angélique et Médor. 60
- Loïsa. 60
- Jocrisse en Famille. 60
- L'autre Part du Diable. 60
- La Chasse aux belles Filles. 60
- La Salle d'Armes. 60
- Une Femme compromise. 60
- Patineau. 60
- Madame Roland. 60
- L'Esclave du Camoëns. 60
- Les Réparations. 60
- Mariage du Gamin de Paris. 60
- Veille du Mariage. 60
- Paris bloqué. 60
- Un Ménage Parisien. 1 »
- La Bonbonnière. 60
- Adrien. 60
- Pierre le Millionnaire. 60
- Carlo et Carlin. 60
- Le Moyen le plus sûr. 60
- Le Papillon Jaune et Bleu. 60
- La Polka en province. 60
- Une Séparation. 60
- Le roi Dagobert. 60
- Frère Galfâtre. 60
- Nicaise à Paris. 60
- Le Troubadour-Omnibus. 60
- Un Mystère. 60
- Le Billet de faire part. 60
- Polichinelle. 60
- Fiorina. 60
- La Sainte-Cécile. 60
- Follette. 60
- Deux Filles à Marier. 60
- Monseigneur. 60
- A la Belle Etoile. 60

- Un Ange tutélaire. 60
- Un Jour de Liberté. 60
- Wallace. 60
- L'Ecolier d'Oxford. 60
- L'Oiseau du Bocage. 60
- Paris à tous les Diables. 60
- Une Averse. 60
- Madame de Cérigny. 60
- Le Fiacre et le Parapluie. 60
- Morale en action. 60
- Liberté Libertas. 60
- L'Ile du prince Toutou. 60
- Mimi Pinson. 60
- L'Article 170. 60
- Les Viveurs. 60
- Les deux Pierrots. 60
- Seigneur des Broussailles. 60
- Deux Tambours. 60
- Constant la Girouette. 60
- L'Amour dans tous les Quartiers de Paris. 60
- Madame Bugolin. 60
- Petit Poucet. 60
- Camoëns. 60
- Escadron volant de la Reine. 60
- Le Lansquenet. 60
- Une Voix. 60
- Agnès Bernau. 60
- Amours de M. et Mme Denis. 60
- Porthos. 60
- La Pêche aux Beaux-Pères. 60
- Révolte des Marmousets. 60
- Le Troisième Mari. 60
- Un premier Souper de Louis XV. 60
- L'Homme à la Mode. 60
- Une Confidence. 60
- Le Ménétrier. 60
- L'Almanach des 25,000 Adresses. 60
- Une Histoire de Voleurs. 60
- Les Murs ont des Oreilles. 60
- L'Enseignement Mutuel. 60
- La Charbonnière. 60
- Le Code des Femmes. 60
- On demande des Professeurs. 60
- Le Pot aux Roses. 60
- La Grande Bourse et les Petites Bourses. 60
- L'Enfant de la Maison. 60
- Riche d'Amour. 60
- La Comtesse de Moranges. 60
- L'Amazone. 60
- La Gloire et le Pot-au-Feu. 60
- Les Pommes de terre malades. 60
- Le Marchand de Marrons. 60
- V'là ce qui vient d' paraître. 60
- La Loi salique. 60
- Nuage au Ciel. 60
- L'Eau et le Feu. 60
- Beaugaillard. 60
- Mardi Gras. 60
- Le Retour du Conscrit. 60
- Le Mari perdu. 60
- Dieux de l'Olympe à Paris. 60
- Le Carillon de Saint-Mandé. 60
- Geneviève. 60
- Mademoiselle ma Femme. 60
- Mal du Pays. 60
- Mort civilement. 60
- Garde-Malade. 60
- Fruit défendu. 60
- Un Cœur de Grand'Mère. 60
- Nouvelle Clarisse Harlowe. 60
- Place Ventadour. 60
- Nicolas Poulet. 60
- Roch et Luc. 60
- La Protégée sans le savoir. 60
- Une Fille Terrible. 60
- La Planète à Paris. 60
- L'Homme qui se cherche. 60
- Maître Jean. 60
- Ne touchez pas à la Reine. 1 »
- Une année à Paris. 60
- Irène ou le Magnétisme. 60
- Amour et Biberon. 60
- En Carnaval. 60
- Bal et Bastringue. 60
- Un Bouillon d'onze heures. 60
- Cour de Biberack. 60
- D'Aranda. 60
- Femme qui se jette par la fenêtre. 60

- Avocat Pédicure. 60
- Trois Paysans. 60
- Chasse aux Jobards. 60
- Mademoiselle Grabutot. 60
- Père d'occasion. 60
- Coquignole. 60
- Henriette et Charlot. 60
- Le Chevalier de Saint-Remy. 60
- Malheureux comme un Nègre. 60
- Un Vœu de jeune Fille. 60
- Secours contre l'Incendie. 60
- Chapeau Gris. 60
- Sans Dot. 60
- La Syrène du Luxembourg. 60
- Homme Sanguin. 60
- La Fille obéissante. 60
- Tantale. 60
- Deux Loups de Mer. 60
- Oliéa. 60
- La Croisée de Berthe. 60
- La Filleule à Nicot. 60
- Les Charpentiers. 60
- Mademoiselle Faribole. 60
- Un Cheveu blond. 60
- Les Impressions de Ménage. 60
- L'Homme aux 160 Millions. 60
- Pierrot Posthume. 60
- La Déesse. 60
- Une Existence décolorée. 60
- Elle… ou la Mort! 60
- Didier l'honnête Homme. 60
- L'Enfant de quelqu'un. 60
- Les Chroniques bretonnes. 60
- Haydée ou le Secret. 1 »
- L'Art de ne pas donner d'Étrennes. 60
- Le Puff. 1 »
- La Tireuse de Cartes. 60
- La Nuit de Noël. 1 »
- Christophe le Cordier. 60
- La Rose de Provins. 60
- Les Barricades de 1848. 60
- 34 Francs! ou sinon!… 60
- La Fille du Matelot. 60
- Les deux Pommades. 60
- La Femme blasée. 60
- Les Filles de la Liberté. 60
- Hercule Belhomme. 60
- Don Quichotte. 60
- L'Académicien de Pontoise. 60
- Ah! Enfin! 60
- La Marquise d'Aubray. 60
- Le Gentilhomme campagnard. 60
- Les Peureux. 60
- Le Chevalier de Beauvoisin. 60
- Le Gentilhomme de 1847. 60
- La Rue Quincampoix. 60
- L'Ange de ma Tante. 60
- La République de Platon. 60
- Le Club des Maris. 60
- O car XXVIII. 60
- Une Chaîne Anglaise. 60
- Un Petit de la Mobile. 60
- Histoire de rire. 60
- Les vingt sous de Périnette. 60
- Le Sergent de la Paroisse. 60
- Agénor le Dangereux. 60
- Roger Bontemps. 60
- L'Été de la Saint-Martin. 60
- Jeanne la Folle. 1 »
- Les suites d'un Feu d'Artifice. 60
- O Amitié! ou les trois Époques. 60
- La Propriété, c'est le Vol. 60
- La Poule aux Œufs d'Or. 60
- Elevés ensemble. 60
- L'Hôtellerie de Genève. 60
- A bas la Famille ou les Banquets. 60
- Daniel. 1 »
- Le Voyage de Nannette. 60
- Titine à la Cour. 60
- Le baron de Castel-Sarrazin. 60
- Madame Marneffe. 60
- Un Gendre aux Epinards. 60
- Madame veuve Larifla. 60
- La Reine d'Yvetot. 60
- Les Manchettes d'un Vilain. 60
- Le Duel aux Mauviettes. 60
- Les Filles du Docteur. 60
- Un Turc pris dans une porte. 60
- Les Grenouilles qui demandent un Roi. 60

- Ce qui manque aux Grisettes. 60
- La Poésie des Amours et… 60
- Les Viveurs de la Maison-d'Or. 60
- Un Troupier dans les Confitures. 60
- Ma Tabatière. 60
- Gracioso. 60
- E. H. 60
- Trompe-la-Balle. 60
- Un Vendredi. 60
- Le Gibier du Roi. 60
- Breda-Street. 60
- Adrienne Lecouvreur. 1 »
- Sans le Vouloir. 60
- Les Femmes saucialistes. 60
- Le Mobilier de Bamboche. 60
- Les Beautés de la Cour. 60
- La Famille. 60
- L'Hurluberlu. 60
- Un Cheveu pour deux têtes. 60
- L'Ane à Baptiste. 60
- Les Prodigalités de Bernerette. 60
- Les Bourgeois des Métiers. 60
- La Graine de Mousquetaires. 60
- Les Faubourgs de Paris. 60
- La Montagne qui accouche. 60
- Le Juif-Errant. 60
- Adrienne de Carotteville. 60
- Un Socialiste en Province. 60
- Le Marin de la Garde. 60
- Une Femme qui a une jambe de bois. 60
- Mauricette. 60
- Une Semaine à Londres. 60
- Le Cauchemar de son propriétaire. 60
- Le Marquis de Carabas. 60
- La Ligue des Amants. 60
- Les Sept Billets. 60
- Passe-temps de Duchesse. 60
- Les Cascades de Saint-Cloud. 60
- Lorettes et Aristos. 60
- Les Compatriotes. 60
- Un Tigre du Bengale. 60
- Le Congrès de la Paix. 60
- Les Représentants en vacances. 60
- Les Grands-Écoliers en vacances. 60
- Un Intérieur comme il y en a 60
- tant! 60
- Le Moulin Joli. 60
- La Rue de l'Homme-Armé. 60
- La Fée aux Roses. 1 »
- Babet. 60
- Un Lièvre en sevrage. 60
- Evelyne. 60
- Trumeau. 60
- Mademoiselle Carillon. 60
- L'Héritier du Czar. 60
- Rhum. 60
- Les Associés. 60
- Les Fredaines de Troussard. 60
- Les Partageux. 60
- Daphnis et Chloé. 60
- Malbranchu. 60
- La fin d'une République. 60
- La Croix de Saint-Jacques. 60
- Paris sans impôts. 60
- Un Quinze-Vingt. 60
- Les Gardes françaises. 60
- Les Vignes du Seigneur. 60
- La Perle des Servantes. 60
- Un ami malheureux. 60
- Un de perdu, une de retrouvée. 60
- La République des lettres. 60
- Figaro en prison. 60
- La Dame de Trèfle. 60
- Le Ver luisant. 60
- Les Secrets du Diable. 60
- Deux vieux Papillons. 60
- La Mariée de Poissy. 60
- L'Homme aux Souris. 60
- Le Baiser de l'Etrier. 60
- Planète et Satellites. 60
- Héloïse et Abailard. 60
- Une Veuve inconsolable. 60
- A la Bastille. 60
- Jean Bart. 60
- Les Pupilles de dame Charlotte. 60
- Le Jour de Charité. 60
- Un Fantôme. 60
- Les Nains du Roi. 60

SUITE DU CATALOGUE.

Les trois Racon. 60
Les Sociétés secrètes. 60
Le Chevalier de Servigny. 60
C'en était un. 60
Les trois Dondon. 60
Giralda. »
La première chanson de Gallet. 60
Méphistophélès. 60
L'Alchimiste. 60
Le père Nourricier. 60
Grassot embêté par Ravel. 60
La Société du Doigt dans l'OEil. 60
L'Hôtesse de Saint-Eloy. 60
La Fille bien gardée. 60
Le Jour et la Nuit. 60
Plaisir et Charité. 60
Marié au second Garçon au cinquième. 60
Un Bal en robe de chambre 60
Né Coiffé. 60
Le Ménage de Rigolette. 60
Le Pont Cassé 60
Un Valet sans Livrée. 60
Le Paysan. 60
Charles le Téméraire. 60
L'Anneau de Salomon. 60
Supplice de Tantale. 60
Les Infidélités Conjugales. 60
Les Petits Moyens. 60
Les Escargots sympathiques. 60
La Grenouille du Régiment 60
Les Tentations d'Antoinette. 60
La baronne Bergamotte. 60
Les Extases de M. Hochenez. 60
Le Journal pour rire. 60
Le Renard et les Raisins. 50
La Belle au Bois dormant. 60
La Course aux Pommes d'Or. 60
Christian et Marguerite. 60
L'Avocat Loubet. 60
Royal-Tambour. 60
Mam'zelle fait ses dents. 60
Le vol à la Roulade. 60
La Fée Cocotte. 60
Mon ami Babolin. 60
Le Palais de Cristal. 60
Passiflor et Cactus. 60
Le Duel au Baiser. 60
Les Trois Ages des Variétés. 60
English Exhibition. 60
Blondette. 60
Histoire d'une Rose et d'un Croquemort. 60
L'Agent secret. 60
Drinn-Drinn. 60
Une Paire de Pères. 60
Les Giboulées. 60
Un Monsieur qui n'a pas d'habit. 60
Mignon. 60
La Chasse aux Grisettes. 60
Voilà plaisir, Mesdames! 60
La Vénus à la Fraise. 60
Les deux Prud'hommes. 60
M. Barbe-Bleue. 60
Une Queue Rouge. 60
Le Pour et le Contre. 60
Le Puits mitoyen. 60
Trois Amours de Pompiers. 60
Les Bloomériste ou la réforme des Jupons. 60
Le Laquais d'un nègre. 60
Les Danseuses espagnoles. 60
Madame Schlick. 60
Le Prince Ajax. 60
Les Enfants de la Balle. 60
L'Ami de la maison. 60
La Marquise de La Bretèche. 60
Une Veuve de 15 ans. 60
Une passion à la Vanille. 60
Un service à Blanchard. 60
L'Original et la Copie. 60
Une rivière dans le dos. 60
Cinq Gaillards dont deux Gaillardes. 60
Un Frère terrible. 60
Une Vengeance. 60
Une petite Fille de la Grande Armée. 60
La Fille d'Hoffmann. 60
Un soufflet n'est jamais perdu. 60
Les Femmes de Gavarni. »
La Maîtresse d'été et la Maîtresse d'hiver. 60
Les Echelons du mari. 60
Les Néréides et les Cyclopes. 60
Poste restante. 60
Le Portier de sa Maison. 60
Les Compagnons d'Ulysse. 60
Le Roi des Drôles. 60
La Mère Moreau. 60
La Queue du Diable. 60
Le Bal de la Halle. 60
Méridien. 60
La première Maîtresse. 60
La Jolie Meunière. 60
La tante Ursule. 60
Mademoiselle de Navailles. 60
Prunes et Chinois. 60
Histoire d'une Femme mariée. 60
Les Mystères d'Udolphe. »
Une Poule Mouillée. 60
Sullivan. »
Taconnet. 60
Alice ou l'Ange du Foyer. 60
Marco Spada. »
Tabarin. 60
Les Abeilles et les Violettes. 60
Le Lutin de la Vallée. 60
Le Baromètre des Amours. 60
Habitez donc votre immeuble! 60
Le Miroir. 60
Richelieu. »
On dira des bêtises. 60
Le Carnaval des Maris. 60
Un Festival. 60
Une jolie Jambe. 60
Le Voyage d'une Épingle. 60
Les Amours du Diable. 60
Les Postillons de Crèvecœur. 60
Les Orientales. 60
L'amour, qué qu' c'est qu' ça? 60
La Vie à bon marché. 60
La Lettre au Bon Dieu. 60
L'ombre d'Argentine. 60
Faute de mieux. 60
Cadet-Roussel, Dumollet, Gribouille et Cie. 60
Fraîchement décorée. 60
Sir John Fabrouff. 60
Les Aides de camp du Général. 60
La Bataille de la vie. 60
Mêlez-vous de vos affaires. 60
Les Moustaches grises. »
Les Vins de France. 60
La Dame aux OEillets blancs. 60
Les Trois Gamins. 60
La Peine du Talion. 60
L'Esprit Frappeur ou les sept Merveilles du Jour. 60
Le Mari par régime. 60
Un Cerveau fêlé. 60
La Queue de la Comète. 60
Sur Terre et sur Mer. 60
Mon Etoile. »
Un Fils malgré lui. 60
Mesdames les Pirates. 60
La Fille invisible 60
Un père de famille. 60
A la recherche d'un Million. 60
Une Rencontre dans le Danube 60
La Femme à trois Maris. 60
Le dernier des Mohicans. 60
Bertrand et Raton. 60
Les Contes de la Mère l'Oie. 60
L'Antichambre en Amour. 60
La Fiancée du Diable. »
En trois Visites. 60

Lagny. — Imprimerie de Vialat et Cie

www.ingramcontent.com/pod-product-compliance
Lightning Source LLC
LaVergne TN
LVHW020630110826
845149LV00004B/1118

9782019204600